プラ・アキラ・アマ
（笹倉　明）

出家への道

果てに出逢ったタイ仏教

GS
幻冬舎新書
576

さきに悪《あ》しき業《わざ》を行える人も
後に善《よ》きことによりて清められなば
まこと雲を離れたる月のごとく
彼はこの世間《よ》を照らすべし
（法句経一七三　友松圓諦訳）

はじめに

昇り始めた太陽に向かって歩く。ほぼ真東へ、自分の影をひいて歩く一日の始まり。空が明るさを増して最後の星が消える頃、托鉢《たくはつ》の鉢《はち》は満ちてゆき、パーリ経を唱える声が路傍に響きます。サッピーティヨー、ウィワチャントゥ……、あなたの身に危害がありませんように、あらゆる凶兆から逃れていられますように……。在家の頃はただ眺めるだけだった僧姿に、いまの自分がなっていることに不思議な縁をおぼえながら、絢爛《けんらん》たる経を唱えて歩きます。

折り返した後の復路は、太陽を背に受け、自分の濃い長い影をみつめながら歩くことになります。その道でもまた一人、また二人、前方に車やバイクが止まり、鉢をはみ出していく布施品の数々……。そんな日々をくり返すうち、「影（チャーヤー〔パ〕）」が原語とされる僧姿になってよかったと思えるようになっていきます。タイ語で「ループ」、人（コン）ではなく「姿」と呼ばれる僧になってはじめて、在家の頃を曇りのない目で振り返ることができたのです。影になってやっと自分の影がみえてくるという皮肉な現象が起こったというのでしょうか。

本書の目的の一つは、その辺の経緯を述べることにあります。一歩ずつ、まさに裸足の托鉢歩きのように、進めていくほかありません。

その年（二〇一六年）、三月半ば過ぎのことでした。まだ寒さが残る日本とは違い、タイではすっかり暑い季節が始まって、その日も室温は摂氏三十度を超えていました。

一カ月をかけてやっと部屋を片付け、出発の準備を整えた私は、夜遅くに出るバスで、長く住み馴れたバンコクの街を離れて旅に出ます。めざす地は、北方のバラとも称される古都チェンマイ。私にとっては、まったくの異郷といってよい土地でした。

そこへ向かうことになったのは、タイへ居を移した頃には考えてもいなかった（いや、それまでの人生において一度も考えたことがない）こと、すなわち「出家」するためでした。

人が一つの決断をするとき、それが重大なことであればあるほど、そうは簡単に説明できるものではありません。仏法でいえば、一つの結果をもたらした原因は必ずあって、主因のほかに複数の縁（条件）が関わっているとする、いわゆる因果の法則でもって説明するほかなさそうです。例えば、一つの失敗にしても、わかりやすい理由以外にも、細部をみればまた別の因と縁が関わっているはずなのです。

しかし、それだけを語っても、一冊の役目としては不十分かと思われます。私の個人的な話などより、タイのテーラワーダ（上座部）[*1]仏教とはどのようなものなのか、それを聞かせてほしいという人も多いに違いないのです。

都合のよいことに、こちらの仏教には「出家（得度）式」という内容の濃い儀式があります。これは、ただの式次第ではなく、テーラワーダ仏教の何たるか、その僧となるには何が必要とされるのかを示してみせるものといえます。これだけでタイ仏教の全体像が浮かび上がる、入門編といってよいものかと思います。

そこで、私自身の話をその出家式の間に挟んでいくという二段構えの、重奏的なものにしていくことを本書の目的にしたいと考えます。出家式のみに興味のある方は、第二章から偶数章をつないでお読みいただくのもよいかと思います。[*2]

その年はまた、私が日本を離れ、タイの地へ落ち延びてから十年余りが経っており、一つの区切りを迎えていたともいえるのです。五十代も半ばを過ぎるまでの日本での日々が、どのよ

＊1　テーラワーダ（上座部）仏教――発祥の地、インドで衰退した後、スリランカを経て東南アジア各国へ伝播した（南伝）仏教。本文中で、ただ仏教、仏法、仏教徒、等と述べるときは、このテーラワーダ仏教を指します。タイ国に特定する場合は、タイ仏教とも記しています。また、頻出する仏教用語については、タイ語＝〔タ〕、パーリ語＝〔パ〕としています。

＊2　出家式（第二、四、六、八章）の式次第――①出家請願から三帰依の唱え、さらに十戒の誓いへ。沙弥出家の段階。↓②出家資格を問う遮法試問等を経て正式僧として認められる段階へ。↓③出席僧（十名）全員の合意を確認した後、出家志願者に具足戒（二二七戒律）を授けたことが宣言される。↓④出家者の心得として、日常生活や戒律における重要な項目が説かれる。

うな経緯を辿って移住後の十年へと向かうのか。そして、それぞれの中身はどういうものだったのか。出家の理由、事情を語るとすれば、それもこれも振り返ってみるほかはないことも確かです。

そこに一つ関わってくるのが、私が属する世代についての話です。団塊世代という言葉はもうカビが生えかけていますが、その膨大な人口を持つ世代の余生は、今後それぞれに老いの「苦」を背負いつつ、皆が消滅してしまうまで続いていくはずです。

つまり、戦後日本の第一世代という時代背景、その環境というものもまた、同世代の一人ひとりの命運に影を落としているはずであり、それを見落としては、私のような者がいかに生まれ育ったのか、そして何ゆえに出家という選択をなすに至ったのかがみえてきません。

ただ、団塊世代を一つの団子のようにみて、一括りにしてしまうわけにはいきません。団塊でありながら、一方でタンカイ（単塊）である、というのが私の見方です。それぞれが一塊《ひとくれ》の、情緒的な言い方をすれば、孤独かつカワイソウな影を引いて歩いてきたといってよいかと思います。

ゆえに、世代が同じだからといって必ずしも共感ばかりが得られるわけではなく、本書に記した内容についても異論があることとは承知しています。むしろまとまりのない、団結とは縁のない（小規模なものは別にして）状態で生きてきた世代、といってよいはずだからです。そして、私のような特殊な職をめざした者が、何ゆえに浮遊の果てに人生に行きづまったのかを解き明かしていくことで、戦後社会という背景までもみえてくる、という気がするのです。

文中で、いまは、とか、いまでは、といった言い回しがありますが、それは出家してからのある時点、これを書いているいま、という意であり、しばしば使っています。

本文中に登場する人たちについては、英語の頭文字もしくは職名のみとします。私の経歴(過去の作品)からおのずとその名が知れる人もいるわけですが、本書の趣旨とは関わりがないため、割愛させていただいたことをお断わりしておきます。すっかりご無沙汰をして義理を欠いた人もあり、みずからの至らなさに思いを向けることもしばしばです。すでに世を去った人たちへはむろん、病に伏せっている人、いっそう老いていく人たちへ、感謝と謝罪の日々があるばかりです。

さて、前置きはこれくらいにしておきます。さっそくチェンマイに着いてからのことに話を振り向けて、本題に入らねばなりません。

出家への道／目次

はじめに　3

第一章　出家前夜　17
北の都にて　18
裸足で歩く　20
ひとまずの先送り　22
決定までの有為転変　24
パーリ語という難関　27
そして出家前夜へ　29

第二章　テーラワーダ仏教のかたち　33
――タイ仏教の出家式㈠
出家の請願　34
皮五業処の訓示　37
三帰衣の誓い　39

基本としての十戒 42
正式な「比丘」に 46

第三章 華と没落を招いた日々 49

バンコクのアパートへ 50
愚を連れた移住 52
朝の托鉢風景に想う 56
精神性の欠落 58
苦節の歳月とスネ齧り 61
二つの受賞と作家の資質 63
城を侵しにくる者たち 66
最後の華の後 68
道を外した因と果 70
さらなる苦難の連続 72
煩悩への無防備さ 74
戦後教育の実態 78
精神的支柱がないゆえに 80

対照的だった母と父 82
カワイソウの真意 85
自己の責任の定義 88
「業」と責任の関係 90
戦後環境の責任の程《ほど》 93

第四章 四堕の戒めと出家資格
——タイ仏教の出家式(二) 97

「四堕」とは何か 98
殺生の禁 98
盗みの禁 100
不邪淫 101
妄語の禁 102
適格者かどうかの問い 104
自由者の意味 108
その他の資格外 110
沈黙という了解 115

第五章　家族をめぐる愛と苦　119
自業自得の愛苦　120
二人の女性と子供たち　122
再びの浮遊と放埒　126
不善なる業の連なり　129
居場所を失って　132
愚行の背後に　134
五年目の出来事　137
死と直面した日　140
したためた詫び状　143
症状の真相　145
暴かれた正体とは　147
第六章　僧生活の心得と説教
――タイ仏教の出家式(三)　151
「四依」にみる原則　152

托鉢食 152
糞掃衣 153
住は樹下 155
薬は牛の尿 157

第七章 俗世を捨てる決心 159
俗世の心残りから 160
最後に父親として 162
命運が転じた日 166
出家の決断へ 169

第八章 仏道修行とは何か
――タイ仏教の出家式㈣ 173
八正道の学びと実践 174
慢心、渇望、執心 176
周到な儀式の意味 180

第九章　老僧の道　183
仏教との接点　184
足りなさの自覚　187
断絶からの戦後苦　189
五十点の人生　193
簡素な日々の安らぎ　194
辿り着いた帰依　198
おわりに　201
参考文献　205

DTP　美創

第一章
出家前夜

北の都にて

バンコクの北ターミナルからチェンマイまでは、夜行バスでおよそ十時間――、一般に〝アーケード〟と呼ばれる郊外のバス・ターミナルに着くと、そこからは「ソン・テオ」（席が二列ある、の意）というトラックの荷台を改造した車に乗り込みます。

予約してあるゲストハウスは、四周を堀に囲まれた旧市街地にあって、そこへ入る入口の一つ、ターペー門が、運転手も間違うことのない目印でした。落ち着き場所をそこに決めたのは、その一カ月ほど前（二〇一六年二月）、出家予定の寺院を打ち合わせのために訪れたときのことです。寺のちょうど裏手にあり、たまたま通りがかってみつけたのです。

幸いであったのは、寺に近いばかりでなく、数ある宿泊施設のなかでは最安値といってよい、一泊二百五十バート（当時のレートで約八百円）、とはいえ小奇麗で家庭的な宿であったことです。安いだけあって、テレビも冷蔵庫もなく、四畳半ほどのスペースにクッションのない狭いベッドと、その真上に扇風機があるのみ、といった簡素な部屋でした。

はじめは、私が何の目的でやってきたのか、女主人にはむろんわかりません。老いの始まった男が一人やってきて、何日くらい滞在するのかもわからない、不審な宿泊客であったはずです。私自身、前もって寺の住職と世話役を引き受けてくれた大学生僧（後述）とで打ち合わせをすませていたとはいえ、出家式がいつになるのかはまだわかっていません。その日が決まるまで待っているように、といわれただけなのです。

ただ、待っている間、解決すべきことがいくつか残っていて、時間を持て余していたわけではありません。出家を考え始めたのは、後に記すように、五年ほど前のことで、それ以来、テーラワーダ仏教についてさまざま知識を得てきたつもりでした。が、いざ出家するとなってからは、学んだことの実践も必要となってきます。

第一、バンコクにいた頃は、貧しいなりの酒量であったとはいえ一日たりとも欠かしたことのない、飲酒というものを断たねばならない。この点だけでも、私にとっては苦行、難行に思えたものでした。出家の決心がついてから、チェンマイへ向けて発つまでの四カ月余りの間に何とかしなければなりません。

一日の酒量を焼酎のミニ・ボトル一本から、その三分の一にまで減らすことには成功します。その旨チェンマイに来てからはビールに替えましたが、一日一缶の量はまだ続いていました。その旨さとも決別しなければならない、さらには夕食も断たねばならないとなると、残された時間が十分なのかどうかもあやしくなってきます。一向に出家式の日取りが決まらないのは、ある意味で幸いでもあったのです。

その間に、一缶（小）のビールを二日に一度、三日に一度、と間を置いていきます。セブン

（コンビニを一般にこう呼ぶ）の冷蔵庫から取り出してレジまで運んだ一缶を、レジの子に差し出す前に思い直して返しにいく、といった涙ぐましい努力もしたものです。その甲斐あって、チェンマイでひと月が経つ頃には、一週間に一度だけ、ごく軽い夕食（これは二、三日に一度）と一緒に一缶を味わうまでになっていました。が、まだゼロというわけにはいきません。ひとつの習慣性を変えていく、そのための時間が必要であったのです。

裸足で歩く

次なる訓練は、裸足で歩くことでした。

テーラワーダ僧となる以上は、朝の托鉢《たくはつ》（ピンタバート〔タ〕）なるものに出なければなりません。それも裸足で歩かねばならないことはいわば異質の分野であって、前もってわかっておく必要があったのです。

それは、いわば托鉢見習いとしての日課から始まります。毎朝、六時過ぎ、私の世話人である大学生僧が出てくるのを寺院の門のところで待ちかまえ、後について歩くことにしたのでした。折から暑季を迎えていたので、朝方は素足にちょうどよいすがすがしさであり、現れた僧の後について元気よく歩き始めます。が、はじめの勢いは、五分も歩くともう失われてゆき、ゆっくりとした足取りにもついていくのがやっとの有様、辛《つら》ければ靴を履いてもいいよ、といわれたものです。まだ出家していないのだから、ムリはしなくてもいいわけです。とはいえ、気づかいに甘えるつもりはありません。寺に戻って僧と別れた後で、さっそく痺《しび》れる足をサンダルでもって労《いたわ》ったのでした。

世話人が托鉢に出ない日は、お堀端の一人歩きです。ゲストハウスを出るとすぐ、旧市街を取り囲む堀に出るので、その周辺を練習の場にします。このときは托鉢の時間の半分程度にして足にラクをさせたのでしたが、これが正解だったようです。よく整備されたアスファルトの道ならば、ずっと気楽に歩けるはずのところ、こちらの歩道はいずこもデコボコだらけ、段差もしょっちゅうで、割れたビンの破片が光っていたりもします。裸足そのものの無防備さに加えて、そうした危険がいっぱいの道を歩くわけです。

それはともかく、この足裏を馴らす訓練も日を追うごとに実りを得ていきます。やわであった皮膚が小石を踏んでも血が滲《にじ》まなくなる程度には強くなって、もう大丈夫、と確信したのは、やっと出家式の日取りが決まった頃のことでした。

それは飲酒についてもいえることで、式の前日には一週間ぶりに、上等なビールで飲みおさめをやるまでになっていたのです。

ひとまずの先送り

ところで、出家を考え始めた頃（在住五年目、二〇一〇年のこと）、タイ人の旧友に相談を持ちかけています。すると即座に彼、C君は、それはよいことだと無条件に賛成し、有名なワット・ボウォンニウェート（略称はワット・ボウォン）を紹介するといってくれたものです。タンマユット派の総本山としてあるその寺院は、私も以前から知っていて、畏れ多い存在でした。というのも、現チャクリー王朝・ラーマ三世の副王によって建てられたそれは、その後、ラーマ四世が親王《モンクット》の時代に仏僧となって仏教改革を成した寺院だからです。まさに法《ダンマ》に革命を起こしてタンマユット派の創始者となったラーマ四世の業績を継ぎ、歴代の王族が修行した寺として知られています。

聞けば、そこにはC君の従兄《いとこ》に当たる人が大僧正としておられ、タイでいちばん偉い僧だというので驚いたものです。しかも、C君の実弟がその寺の僧なので、私の希望にはいつでも応じられる、というのです。

大船に乗る心地がしたものでした。あとは自分の決断のみで、出家を考えているのではなく決心するのかどうかという話です。が、そのときは踏ん切りがつかず、もう少し考えてからにしたい、と私は答えます。もろもろの事情、心残りなこともあって、いま仏門に入ってもそれへの思いを断ち切れない、と判断したのでした。C君にも先送りしたい旨を告げ、そのうち必ず、といって了承してもらいます。

そもそも私の友人であったのは、C君の兄でした。学生時代に行った長い旅の途上、休息地のロンドンで一時通った英語学校で知り合います。その後、家族で長く東京に住んだこともある、気のよいタイ人でした。まさに生涯の友といえる人物でしたが、七〇年代の終わりに不運にも交通事故で亡くなった後、日本へ留学していた彼の弟、C君の世話を私がしたことから、代わって友人となったのでした。兄弟の父親はカーンチャナブリー県の豪商で、音楽の道に進もうとする長男を許さず、イギリスへ追放していたところへ、旅の途上の私が立ち寄ったというわけです。

それはともかく、大船に乗って以来、すぐには出家に踏み切れない心残りを子供の頃にあこがれたスポーツの世界、ゴルフ修業へと振り向けた経緯については後の章（第七章）にて記します。それ以前は半年に一度の割りで帰国していたのをきっぱりとやめ（タイ語学校に籍を置くことでビザ問題をクリアして）、頭も丸めて始めたシニア・プロへの挑戦は、後の修行にも役立つ予行のようなものとなったのでしたが……。

その間に起こったことといえば、アパートの女主人が亡くなったのを皮切りに、次々と親しい人たちが先立ってしまったことでした。ベトナム、カンボジアを駆けめぐった戦場カメラマンのM氏、老いた象の世話をするのが生き甲斐であった日本女性のOさん、よく酒を酌み交わした友人K君（カメラマン）らの葬儀、さらに流骨式（タイでは火葬の後、遺骨を河へ流すのが習慣）の続く歳月が流れていきました。もとより数少ない異国の友人たちが次々といなくなってしまったことからも、移住以来十年という歳月の区切りを迎えたような気がしていたのです。

決定までの有為転変

そして、シニア・プロ（ゴルファー）への挑戦も思いがけない出来事から頓挫して、いよいよ出家に向けて動き出そうと腰を上げた矢先、今度はワット・ボウォンニウェートの大僧正が亡くなっていたことに気づきます。心を決めて間もない頃（二〇一五年暮れ）のことでした。

テレビをつけると、何やら荘厳な儀式の様子が映し出されているので、何だろうと思ったものです。健康問題を抱える国王（当時）、ラーマ九世（プーミポン・アドゥンヤデート王）を除く王族のすべてが参列し、その他、政界、経済界ほか、献花を手にして火葬の炉に向かう長蛇の列は、タイでいちばん位の高い僧であるという証明だったのでしょう。全国ネット、すべてのTVチャンネルが特別番組として放映するところに、この国の仏教という存在の大きさをみる心地がしたものです。

慌ててC君に電話で確かめると、やはり亡くなったのは従兄の大僧正だという返事です。内心、遅かった、という悔いがよぎります。しかも、彼の弟も先頃、長年の僧をやめて還俗し、ふつうの家庭を持ったといいます。そのときの私の口ぶりが残念そうであったからでしょう、C君は、どうかしたの、と問い返します。実は……と、再びの希望を話しはしたものの、縁故を失ったC君にも確かなことはいえません。還俗したとはいえ弟には知り合いがいるはずだから、と一応は頼んでみることを約束してくれたのでしたが……。

有為転変《ういてんぺん》はまだ続きます。

別のツテを求めて動き始めた私は、これも長年の友人Fが若い頃、一時修行者として世話になった僧のいるお寺がチェンマイにあるというので、その人へ宛てて手紙を書いてみたのです。有名な国立大学を出て商社に勤めながら、あるとき決然と仏の道に入った人だと聞いていました。F自身も忘れていた人をなぜ私が掘り起こしたのかというと——、Fが小説のための資料として渡してくれていた分厚い手紙（恋文）の束のなかに、一通の色あせた封書がまぎれ込んでいたことが縁の始まりでした。それが、その寺院の件《くだん》の僧がFに宛てたものだったのです。遠い昔（三十余年前）のことで、Fに聞いても、いまどこでどうしているのかはまったくわからない、といいます。

返ってきたのは意外にもEメール（英文）で、その寺に所属する僧からのものでした。そこには——、お探しの僧（プラ〈タ〉）はとっくに当寺院を去っており行方がわからない、が、あなたの希望を住職に話したところ、出家式に必要なパーリ語の経を憶える、いくらかの経費（式に列席する僧への謝礼）がかかる、等の条件を（あなたが）承諾すれば、受け入れてもよいという返事をもらえた、云々。ついては、私があなたのお世話をすることにした、と記してあったのです。

手紙には、とうに丸坊主にしてあった顔写真と名刺まで添えていたので、誠意が伝わったのでしょう。返信をくれたのは二十七歳の若い僧で、いまは仏教大学にも通っており、英語もそこそこ話せるというので、思いがけなくもありがたいことでした。

そうして準備をすすめ、一カ月後にはチェンマイへと向かうことも決まってアパートを片付け始めた頃――、C君から急な電話が入ります。何とワット・ボウォンが受け入れるといってきた、と弾むような声でいうのです。大僧正の葬送後、やっと一段落がついたことから、還俗したとはいえ偉い僧を知っている弟が話をつけてくれた、といいます。その口調は、当然私が喜ぶものと確信している高揚ぶりだったので、私は思わず絶句してしまいます。その王立寺院の僧になるのはタイ人にとっても誇らしいことであるのを知っていただけに、よけいに困惑したのでした。

むろん、こちらの事情を話さないわけにはいきません。かれこれしかじかと申し訳ない気持ちを伝えると、チェンマイを断わればいい、と断固とした口調で返してきます。そうすべきかと私も思い、心が揺れ動きます。ある種の名誉欲のようなものが兆《きざ》したせいでもあったでしょう。が、もはやそんな欲も切り棄てて僧になるのだという自覚がまさったことも確かです。また、とうに現地の寺院にも出向いて打ち合わせをすませている以上、それを蹴ってこちらにするのも筋を違える気がします。

そこで、いったん保留にしてあった答えを元に戻します。C君にはただ謝るほかありませんが、彼もまた物事にこだわらないタイ人でした。最後はうなずいて、もしお寺を変わりたくなったらいつでもいってほしい、と承諾してくれたのです。電話を終えて、思わず掌《て》を合わせたものでした。

パーリ語という難関

もう一つ、難所がありました。パーリ語という、少なくともテーラワーダ仏教を知るまでは、意識にのぼったこともない言語が眼前に高い壁となって立ちはだかります。

〝エーサーハン　パンテー　スチラパリニップタンピ　タン　パカワンタン　サラナン　ガッチャーミ……（意味は第二章にて）〟

出家式での第一声は、こんなふうに始まります。たったこれだけの句節を憶えるだけで、はじめは頭が割れそうな心地がしたものです。その異質さに呆然として、どうしたものかと途方に暮れたのでした。

実は、先に記した奇縁から所属をチェンマイの古寺に決め、はじめて打ち合わせに出向いた折り、世話人の大学生僧がこれら必要となる経をテープに吹き込んでくれていました。なかなかの美声を持つ若者で、発声はクリアであったものの、最初は真似をするのもママなりません。舌がもつれるばかりか舌の根まで噛んでしまったときは、さすがにあきらめることを考えたものです。

ところが、このパーリ語なるもの、時の経過とともに、決して遠い異星からのものではないという発見をしていくことになります。日本人にとって、発音がむずかしい子音と母音の組合わせがほとんどない、実は親しみを感じてしかるべき言語であることがわかってくるのです。

〝……タンマンチャ　ビク　サンカンチャ　ラパーイヤーハン　パンテー……〟

私のカナ表記が耳慣れないわりに、発音不可能というものではないことがおわかりかと思います（従って、これからはすべてカタカナで表します）。とはいえ、これをいかにして憶え込むか、という試練に変わりはありません。その難関を突破しなければ、せっかくの入門許可が水の泡となってしまう。試験は受けてもいいけれど合格するかどうかは別問題、という話なのです。

それをどのようにやったかといえば、とにもかくにもくり返すことでした。あちこちに貼紙をして、こじつけでも何でも、どんな手を使ってでも頭に叩き込むしかありません。通しで唱えると二十分ほどかかる全文のまる暗記が必須の条件であるため、部屋を片付けてチェンマイへ出発するまでの一カ月が勝負どころでした。くり返しくり返し、分厚い壁を少しずつ金槌《かなづち》で打つがごとくに口を動かします。するとある日、やっと開いた穴の向こう側へと突き抜けるかのように、滞りなく言葉が空を駆け始めたのです。

そして出家前夜へ

パンオン寺本堂

そうこうしながら、むずかしいハードルを一つずつ越えていったのでしたが、すべての問題が片付いたわけではありません。後に述べるように、俗世における心残りの主なところはおよそ整理できたとはいえ、私自身の心の問題がまだしつこく痕《あと》を引いており、これがいちばんやっかいなものでした。時間をかけて一応の区切りはつけたつもりであっても、その日が近づくにつれ、来し方への思いが一日の終わりには必ずや脳裏に去来したものです。何かと上手くいかなかった日々が、とくに夜中に頭をもたげ始めるのです。

暑季もたけなわ、チェンマイの暑さは格別です。日中は四十度近く、夜になってもさして下がりません。といって、調節のきかない天井の扇風機をかけたままで寝ると風邪をひくため、消して寝ることになる。と、今度は蚊がやってきて、いっそう眠れない夜になってしまいます。

悪い夢にもうなされます。みずから選んだ出家でありながら、いわば人生の敗退者という思いがどこかに棲《す》みついていて、そのことが往生際の悪さをもたらしていたのです。何が原因で、いかなる理由でもって、母国から異国へと流れ、さらに十年を過ごした街を去って再びの異郷へ向かうことになったのか。二度までも行き果てることになった事情なるものが、悔いや恨みを伴《ともな》いながら浮かんでは消えていく日々が続きます。

俗世の暮らしはやがて終わる、次にはまったくの別世界へと向かう、いわば在家と出家の境にあったのがチェンマイでの二カ月余りでした。それがある意味で異質なものであったことから、いっそう複雑な思いを誘う因となったようなのです。

在家最後の夜――、人生に敗退した〝果て〟を改めて感じたものです。近場のコンビニで仕入れた飲みおさめのビールを傾けながら、それは当然の成り行きだったと、自分に納得を強いようとします。もとより、人が落ちぶれる、などというのはふつうにあること、よい時代はいつまでも続かないし、歳はとっていくし、身の周りの状況も移り変わっていく。人生に浮沈はつきものであって、長く生きていれば誰にもある現象なのだと、溜息をくり返します。

私が属した文壇という世界においても、さまざまあったことに思いが及びます。モノ書きの世界もまた冬の時代、ひと握りの突出した売れっ子は別にして、四苦八苦の有様はみな似たようなものだったでしょう。それゆえ、仕事にムリを強いて命を縮めた同業者もいて、寂しい思いをしたものです。

そういう面からすれば、私が選んだ離日の道は、生きながらえるためには必要であったのかもしれません。諸々の弱点と失敗が招いた経済的窮地を、手早く生活がラクになる国への移住でもって切り抜けようとした、そのことがさらなる没落への道を敷くことになってしまいます。が、命だけは持ちこたえるという最低限の幸いはあったのだと、自分を慰めてもいたのです。

そして、そのせめてもの幸いこそが、作家としての「限界」を意味していたのではないかという気もしてきます。壁に行き当たって横道へ逸れたのも、異国への逃避も、その限界ゆえであり、作家としての資質と才能の問題が関わっていることを感じていました。所詮はその程度のモノ書きであり、それ以上でも以下でもなかった、という潔《いさぎよ》い理解のしかたが最もかしこい、気が楽にもなる結論であったのです。

けれども、そのような見方ではすまされない面もあることが心情的にやっかいでした。すなわち、さんざん他人の甘言や儲け話に浮かされ、ただ目先の利のためになした愚行などは、作家として、というより、一人の人間としての問題であって、そうは気楽に考えるわけにもいきません。その部分だけは、何ゆえにそうであったのかと、この期に及んでもなお、くり返し自問せざるを得ない事々であったのです。その種の行いの、腹立たしい、救いがたい愚かさに、まさに執着というほかない拘《こだわ》りを続けていたのでした。

そのような話の詳細は追い追い記していくとして、ここで、ついに迎えた出家の日（得度式）へと話を振り向けます。

第二章

テーラワーダ仏教のかたち

――タイ仏教の出家式㈠

出家の請願

五月下旬のその日、儀式は寺の本堂にて午後三時から始まりました。暑季もピークを過ぎたとはいえ、開け放たれた窓々から入る外気はまだたっぷりと熱を帯び、金色に光る大ブッダ像とその前にいる私たちを包みこんでいます。

列席は、僧の数がふつう十名以上の規定に従い、わが寺院からは住職を含めて三名、その他は戒和尚《かいわじょう》、式師、教戒師ほか七名の僧が他寺から訪れて、それぞれが縦二列に配置されていました。正面の和尚の前に私がいて、最初は「白衣（チュット・ブワットナーク〔タ〕）」を着けています。テーラワーダ（上座部）仏教は、形式を重んじることが一つの特徴であり、細部にわたって伝統なるものを重視する姿勢は、こうした形にもみえています。

受具《じゆぐ》足戒《そくかい》とは、「戒律（正式な僧の二二七戒条）」を授けられることをいい、その式のことを〝ウパサンパダ〟といいます。出家式のことで、これからしてパーリ語です。ふだん唱える経に関してもすべてパーリ語で通すのが仕来たりで、これこそは形式を重んじていることの証しといえます。釈尊その人が古代インドにおいて説法に使った主な言語（大国であったマガダ国のマガダ語で、テーラワーダ仏教の公式用語としては「パーリ語」と呼ばれる）であったことが、その使用を重んじる根底の理由とされています。

はじめに、出家の請願を唱えます。
〝尊師よ、般涅槃《はつねはん》されてから久しくはありますが、かの世尊と法と比丘サンガに、私は帰依いたします。尊師よ、私はかの世尊の法と律の下に出家したいのです。そして、受具足戒を願っています（エーサーハン　パンテー　スチラパリニップタンピ　タン　パカワンタン　サラナン　ガッチャーミ　タムマン　チャ　ビク　サンカンチャ　ラパーイヤーハン　パンテー　タッサ　パカワトー　タムマ　ウィナイエ　パッパチャン　ラパーイヤン　ウパサンパタン……）〟

パンオン寺本堂の大ブッダ像

こんな調子のパーリ語を三度までくり返します。トゥティヤンピー（二度目）……、タティヤンピー（三度目）……と。これがはじめの難関であったことは、前章で述べた通りです。

請願は、さらに続きます。

〝尊師よ、私は出家を願っています。尊師よ、どうかこの袈裟衣〈三衣《さんえ》〉を受け取り、憐れみの心をもって出家させてください（アハン　パンテー　パッパチャン　ヤーチャーミ　イーマーニ　カサーヤニ　ワーターニ　カヘータワ　パッパチェータ　マンパンテー　アヌカンパン　ウーパーターヤ）〟

これはしかし、まだ沙弥《しゃみ》出家の段階です。人によっては別

出家式の始まり（右が戒和尚）

の日にすませていたり、また未成年僧の場合は、「沙弥（サーマネーン〔タ〕）」[*1]の名で呼ばれる通り、すでにその出家時にすませているわけです。この辺の、正式な具足戒を受けた僧か、そうでないかは大事な点で、守るべき戒律の数からして相当な違いがあります（後述）。私の場合、前後して同時にやってしまう出家式であったことから、両者の境界が式次第に設けられていました。

　ともあれ、先の沙弥出家の請願は、合掌した両腕にやがて着ることになる三衣（パー・トライ〔タ〕）を抱えたままで唱えます。この黄衣《こうえ》（ふつう「チーウォン〔タ〕」と呼ばれる）は、三種類の衣（ティ・チーワラン〔パ〕＝タイ語でそれぞれ、サボン〈内衣＝腰巻〉、チーウォン〈外衣〉、サンカーティ〈重衣＝正式な装いの際に左肩に掛ける〉の三衣）に加えて「アンサ・カーサーワ」（略してアンサ〔パ〕）という肌着で構成されており、これらがずっしりと重いのです。

　そのため、二度目（トゥティヤー）と三度目（タティヤー）を逆にしてしまい、そばの教戒師から助け船を出してもらうなど、独唱のときにはあり得なかった舌のもつれ方をしたものです。両足の指を反らしてひざまずく体勢といい、比丘衆《びくしゅう》の面前での緊張感といい、いわゆるプレッシャーがかかると、ラクをしていたときの調子が狂ってしまうのでした。

皮五業処の訓示

どうにか唱え終えると、黄衣をいったん戒和尚の前へ差し出します。すると、和尚はそれを膝の前に置いておき、「皮《ひ》五《ご》業処《ごつしょ》」なるものの訓示をパーリ語で伝え、一連の語を後について唱えさせます。

〝頭髪、体毛、爪、歯、皮膚（ケーサー　ローマー　ナーカー　タンター　タチョー）〟

それが終わると、和尚は衣一式の中からアンサ（肌着）だけを引き抜いて私の肩にかけ、「黄衣を着てよろしい」と許可を出します。そこで、また一式を両腕に抱え、比丘衆の外へ、ひざまずいたまま後退しなければなりません。一応は厚い布でカバーしてある膝に、それでも痛みをおぼえながら、やっと立ち上がり、別所へ退き、そこではじめて黄衣に着替えることになるわけです。

これぞ儀式というほかありません。また、こちらの寺院を訪れた人なら誰もが目にする光景、「五体投地」（ベンチャーン・カプラディット〔タ〕）と呼ばれる礼拝がついてきます。両脚、両膝で上体

＊1　沙弥――ふつう未成年僧を指し、修行がまだ未熟な者、の意。二十歳を超えても正式な具足戒（二二七戒条）を授けられていない者は、この名で呼ばれる。二二七戒条は二二七戒律（パーティモッカ〔パ〕）とも称する。

を支え、高い位置で合掌した両の掌《て》と両腕を前方の床へ額がつくまで投げ出すように拝する、まさに投地の礼は、式を通じて三拝ずつ、六度まで行わねばならないのです。

それは措《お》くとして、前述の「皮五業処」とは、人体の各部、五カ所のことで、二度目は順序を逆にして、〝皮膚、歯、爪、体毛、頭髪（タチョー　タンター　ナーカー　ローマー　ケーサー）〟と唱えていきます。

これは「根本業処（ムーラ・カンマッターナ〔パ〕）」と呼ばれる、釈尊が編み出した行法で、その意は、それぞれを人体の「不浄（アスパ〔パ〕）」な部分とみなし、よく観察するように、よく念じて心を揺るがさないように、というものです。業処とは、心を静めるための観察対象のことで、最も基本的なものとして上記の五カ所（皮五＝タチャパンチャカ〔パ〕）が対象となります。範囲を広げると、三十二カ所となって臓器も含む人体のほぼ全部となるのですが、新米僧には初歩、基本のみを教えます。それらがなぜ不浄なのかというと、人が生きていれば、汗、液、脂等が滲《にじ》み出るところで、とうてい美しいとはいえない部分だからです。

とりわけ出家したばかりの頃は、残してきた人々やその他の物事にとらわれて心を乱しがちです。そこで、例えば相手が人の場合、ただ対象を人体の五カ所のみとして観《み》ることによって、妄想や精神の錯乱から逃れ、心の安定が得られる、というわけです。

これは、私のような者にこそ必要な行法であったのでしょうが、後に試してみても上手くいかない、幼児の歩きにも似た修行の手始めでした。

三帰衣の誓い

ともあれ、退出して黄衣を着用し（これは大ブッダ像の裏手で、先輩僧が二人がかりで着せてくれたのですが）、座へ戻ってくると、次は有名な「三帰依《さんきえ》」の唱えとなっていきます。「三」とは、三宝（仏・法・僧〈サンガ＝僧集団〉）のことで、まずはそれへの「帰依」と「戒」を求めて唱えます。

〝尊師よ、私は帰依と戒を請《こ》い求めます（アハン　パンテー　サラナ　スィーラン　ヤーチャーミ）〟

これを、やはり三度くり返します。続いて、〝阿羅漢であり、正覚者である、かの世尊を私は礼拝いたします（ナモー　タッサ　パカワトー　アラハトー　サンマー　サンプタッサ）〟

これも三度くり返します。「阿羅漢（アラハン〔パ〕〔タ〕）」*2は最高位の修行完成者のことで、「正覚者（サンマー　サンプタッサ）」は、独りで正しく悟りをひらいた、の意。正等覚者とも訳されますが、その場合、「等」は「遍《あまね》く」の意で、悟られた真理が普遍性を持つ、という意味が加わ

*2 阿羅漢（アラハン〔パ〕〔タ〕）――パーリ語の原型は「アラハンタ」。しかし、主格（アラハン）、所有格（アラハトー）、目的格（アラハター）等と語形変化する。主格はアラハンであり、それをタイ語でも修行完成者の意としているため、これに統一する。

ります。

次に、同じく大事な唱文、「三帰依」の誓いをこれまた三度まで唱えます。

〝私は仏に帰依いたします（ブッタン　サラナン　ガッチャーミ）〟

〝私は法に帰依いたします（ダンマン　サラナン　ガッチャーミ）〟

〝私はサンガに帰依いたします（サンガン　サラナン　ガッチャーミ）〟

（ブ、ダ、ガは、タイ語発音ではプ、タ、カに近い）*3

この「三宝（ラッタナ・トライ〔タ〕）」への帰依は、テーラワーダ仏教の根幹をなし、別格といってよいものです。このうちの一つでも傾くことがあれば、支えられていたものすべてが崩れ去ることから、まさに三つの宝というほかない精神的支柱とされています。ために、いかなる儀式や日々の読経においてもこの唱えを欠かすことは決してありません。

「仏」とはブッダその人のこと、「法」はブッダによって説かれた教え、教理、「サンガ」とは、最初は五人の仏弟子（悟りをひらいた釈尊がはじめてなした説法〈初転法輪〉による）から始まった僧集団のこと。それぞれに帰依するという誓いは、僧、在家ともに唱えるのが徹底した習慣であり、日々の勤行は、三宝への「信」頼とその「聖」性を称賛するために費やされるといっても過言ではありません。

この三帰依の誓いをもって、ただの沙弥から、仏教比丘として認められるか否かの境界に向かいます。その関門がまたパーリ語で十項目、待ち受けているのです。三宝に帰依するといっても、次なる「戒」を理解し守れなければ、その資格がなくなってしまいます。ゆえ、実に肝心の部分といえます。もっとも、その十戒は最低限の（沙弥が守るべき）ものであり、正式な僧にとっては二二七戒条の最も基本的な部分にすぎません。

ちなみに――、こちらの仏教に冠せられる「テーラワーダ」とは、原始仏教を守る僧集団を意味します。釈尊入滅後三カ月にして開かれた第一回の結集《けつじゅう》*4において、参集した五百名の長老たち（テーラ）がすべて阿羅漢（修行完成者）であったとされているのですが、その長老たちの語り（ワーダ）のことを指しています。つまり、生前の釈尊が説いた通りの「法と戒律」（ダンマ・ウィナヤ〔パ〕）を守ることで結束した僧集団であり、数多くの戒律も一切変更しないこと

---

*3 ダとタ、バとパ、デとテ、ブとプなど、パーリ語から来るタイ語は清音になる傾向が強いものの、耳にはほとんど差異がないため、タイ語発音のまま表記しているものがある。

*4 結集（サンカーヤナー〔パ〕）――釈尊入滅後、時を置いて開かれた仏典（法、戒律――第三結集以降は〈律・経・論〉の「三蔵」）についての編纂会議。初回は、入滅の三カ月後、大長老マハーカッサパの呼びかけでマガダ国の首都ラーチャカハ（パーリ語発音）の七葉窟にて。第二結集（入滅百年後、ヴァイシャーリーにて）、第三結集（マウリヤ王朝アショーカ王の援助により、首都パータリプトラ〈現パトナ〉にて）等を経、第四結集以降は（テーラワーダ仏教がインドで終息したため）スリランカ、ミャンマーへ。第八結集（仏暦二〇二〇〈西暦一四七七〉年）はタイ・チェンマイにて開かれた。但し、第四回以降の開催の数え方については、植民地時代の情勢などから各国で相違がある。

を誓い合った僧たちの仏教をテーラワーダ（漢訳で「上座部」）と呼んだのです。

それはまた、スリランカを経て東南アジア各地へ伝わったために南伝仏教とも呼ばれ、中国大陸から日本へもたらされた（北伝の）大乗仏教とはいろんな面で内容を異にします。

むろん、両者は教理において共通する部分も多いわけですが、僧集団（サンガ〔パ〕＝漢訳は「僧伽」）と民衆の関係性とか、戒律の中身とか、僧生活のあり方といったものには相当な違いがあることも確かです。根本分裂、すなわち釈尊入滅後百年余りにして開かれた第二回結集において、原初のままを主張する上座部（テーラワーダ）と変革をよしとする大衆部（大乗仏教へ発展したとする説が有力）に分かれたことが、長い歴史の曲折を経ながらいまに引き継がれているといってよいかと思います。

基本としての十戒

私の戒和尚をつとめてくれたのは、同じチェンマイの旧市街にある別の寺院の住職でした。その他、式師や教戒師ほか比丘衆のメンバーは、大寺院――ワット・スワンドークにあるサンガの統括事務所に委ねるのが習慣です。

戒和尚は齢八十になる高僧でしたが、矍鑠《かくしゃく》として声音もしっかりしており、さまざまな文言も明瞭でした。この十戒については、和尚の代理である式師の後に従《つ》けて唱えます。が、同じく完璧に空で憶えていなければ復唱できるものではありません。

〝殺生から離れます（パーナーティパーター　ウェーラマニー）〟

〝盗みから離れます（アティンナーターナー　ウェーラマニー）〟

〝非梵行《ひぼんぎょう》〈性行為〉から離れます（アッパンマ　チャリヤー　ウェーラマニー）〟

〝虚言から離れます（ムーサーワーター　ウェーラマニー）〟

まずは、この四つが「四堕（チャッターリ・アカラニーヤ〔パ〕）」と呼ばれるもので、出家した者が犯してはならない戒としてあり、犯すとその比丘性が失われます。後にもなされる「教戒」（依止《えじ》＝新参比丘への指導）として、トクと念を押されるものなのです。

殺生は、人ならば胎児から始まり、生きもののすべて、蚊や蟻の一匹に至るまで、その命を奪ってはならない、とされます。

盗みは、刑事犯罪のみならず、みずからに与えられないものはことごとく、草の葉の一枚といえども（むしり取るなどして）我がモノとすることはできない、と戒めます。

虚言については、一般的な嘘、偽りの類のほか、問題となるのは修行途上における妄語のこと、つまり超越した知見（悟り）を得たような騙《かた》りを口にすることです。

非梵行については、一般によく知られた掟です。正式僧の二二七戒条には、異性についての戒が実にこと細かに記されており、なかでも性行為はもってのほかです。これを犯した僧はサンガを追放され、必ずや不祥事として報じられます。

〝スラー酒〈穀酒〉やメーラヤ酒〈果実酒〉のような酒類から離れます（スラー　メーラヤ　マッチャパマー　タッターナー　ウェーラマニー）〟

〝非時の食事から離れます（ウィカーラ　ポーチャナー　ウェーラマニー）〟

〝舞踊、音楽〈楽器の演奏〉、観劇〈非道徳的なもの〉等の享楽から離れます（ナッチャキータワーティタ　ウィスーカタッサナー　ウェーラマニー）〟

〝花輪、香水、塗油等によって身を飾ることから離れます（マーラーカンタ　ウィレーパナ　ターラナマンダナ　ウィプーサナッターナー　ウェーラマニー）〟

〝高い、大きな寝台を使うことから離れます（ウッチャーサヤナ　マハーサヤナ　ウェーラマニー）〟

〝金、銀の受領から離れます（チャータルーパ　ラチャタ　パティッカハナー　ウェーラマニー）〟


このうち、飲酒の禁のみが先の四項目にプラスされ（五戒として）、在家者に対しても説かれます。ただ、非梵行については、在家者に対する場合、浮気など性道徳に反する行為を禁じる教えに替えられています。

装飾的なもの、享楽的なものは、修行の妨げになるとして「非」とされます。その精神は相当に徹底したもので、日々の生活（衣・食・住）の細部にまで行き渡っています。

これらの項目のうち、金銭の授受に関しては、現代のサンガでは派（大きく分けて二派があり対立はナシ）によって解釈が異なっています。

タンマユット・ニカーイ（派）では、僧がそれに直接手を触れることは原則として許されず、たとえ喜捨を受けても代理の者が受けとって処理します。これに対して、私が所属するマハー・ニカーイ（これが全体の約九〇パーセントを占める多数派）では、そこまで厳しくしなくてもよいのではないかということで、硬貨やお札に手を触れることは許されています。

ただ、タンマユット派においても、この点でマハー・ニカーイと変わらない寺が増えています。近年の人手不足に加えて、お金に触《さわ》れないのでは現代社会では何かと不便である、というより身動きがとれない、という現実を優先させているためだといいます。

そうして、それぞれから離れることを宣した後で、さらに念を入れ、〝私はこれら十項目の学処〈戒〉を受持します（イマーニ　タッサ　スィカーバターニ　サマーティヤーミ）〟と三回くり返します。

その後、五体投地をやはり三度、そして今後ともの指導、依止（ニッサヤ〔パ〕）を願い出ます。

〝尊師よ、私は依止を請い求めます（アハン　パンテー　ニッサヤン　ヤーチャーミ）〟

これも、トゥティヤンピー（再度）、タティヤンピー（再々度）を頭《はじめ》につけて、アハン以下をくり返します。そして、〝尊師よ、願わくば私の戒和尚になってください（ウパチャヨー　メー　パンテー　ホーヒ）〟と、これはそのまま三度、くり返します。

すると、和尚はうなずいて、〝信を生じさせる努力をもって帰依しなさい（パーサーティケーナサンパーテーヒ）〃と三度まで、念入りに告げます。

この「師弟」の関係も大事な規律です。僧の上下関係は年齢ではなく僧籍にある年数による（得度が一日でも早いほうが上）ことから、私もまた世話人の仏教大学生を師と仰ぐわけです。

そうして指導を求めて了解を得た後、〃今日ただいまより、私は長老のお世話を致します。私もまた長老のお世話になります（アチャッタッケー　ターニテロー　マイハンパーロー　アハン　ピ　テーラッサ　パーロー）〃と、やはり三度唱え、またも五体投地をもって三拝します。

正式な「比丘」に

ここまでくると、やっと僧の領域に入り込んだことになり、正式な受具足戒（ウパサンパダ）の儀式となっていきます。前にも述べたように、私のように沙弥の時代を経ない者は、一儀式内でセットにしてしまうのが慣例です。

従って、和尚はここで、単なる沙弥から正式な「比丘」として認める段階に入ったと述べ、今度は托鉢《たくはつ》に使う鉢《はち》を黄衣の上から肩掛けヒモでもって吊るすようにと指示します。

これは鋼鉄製でさほど重くはなく、本体の色は黒、またはシルバー、大中小のタイプがあります。私のものは中タイプ、黒い鉢に金色のフタとヒモ付きのカバーに包まれたもので、値段もふつうのレストランでの夕食代程度でした。それを肩に掛け、固定させると、次なる式次第に入ります。

〝これは、あなたの鉢である（アヤン　テー　パットー）〟

〝はい、尊師よ（アーマ　パンテー）〟

この問答が式師の質問に答える形で行われます。三衣についても、〝これは、あなたの重衣である（アヤン　サンカーティ）〟から、〝外衣（ウッタラーサンコー）〟〝内衣（アンタラワーサコー）〟まで、式師がそれぞれの衣に傍《そば》から手を触れながら尋ねるのへ、〝はい、尊師よ〟と答えます。これらはすべて、私が出家式を待っている間、街の仏具屋で買い入れたものなので私のものに決まっているわけですが、あえてこういう確認をするわけです。

それが終わると、式師は私に〝あの場所へ行って立っていなさい（カッチャ　アムンヒ　オカーセティッターヒ）〟と命じ、衆座の外、後方の（本堂入口付近の）隅へと向かわせます。そこは、続いて行われる式師と教戒師の「試問」に答える場所で、敷かれた布の外側に立って待ちます。遮法試問《しゃほうしもん》、と呼ばれるもので、いくつかの質問によって僧になるべき適格者かどうかをチェックすることです。

その間に、式師は参集のサンガ衆に向かって、〝諸尊師よ、私のいうことを聞きなさい。名をアマローという者は、戒和尚・スィリパットー様による受具足戒の志願者です。サンガにとってしかるべき時が来たなら、私はアマローを試問します（パーリ語・略）〟云々と述べます。

この段階ではじめて、私の法名（チャーヤー〔パ〕）が発せられます。それは出家式の十日ほど前、住職によって付けられており、拝受したときは感無量でした。私が日曜日の生まれであることを知った住職は、パーリ語経の試聴テストをして注意点を伝えた後、迷うことなく「アマロー」と名付けたのです。

アマローとは、パーリ語で、長大な命を持つ天人のことで、死後に行く天界の一つとされます。首都バンコクがタイ人には正式名で「クルンテープ（天人の都）」（公式の場ではもう少し長く「クルンテープ・マハーナコーン〈天人の大都〉」）と呼ばれる、そのテープのことだといいます。以降はその名、アマロー・ビク（漢訳は「比丘」で国籍を問わずテーラワーダ僧に使う）もしくはタイ語で、プラ・アマロー（プラは「僧」の意）と呼ばれます。俗名の「明」を生かして「プラ・アキラ・アマロー」とすることもでき、姓ではなく名に親しみを持つタイでは、この表記が一般的とされています。

タイ仏教のサンガの一員として共同生活を始める上での命名であるわけですが、それにふさわしい人物かどうかをチェックするのが遮法試問と呼ばれるものです。これまたテーラワーダ仏教らしい、伝統に忠実かつ緻密なものでした。

ここで出家式の話は、いったん休止します。はじめに述べたように、斜陽し、没落していったみずからのモノ書き人生について、しばらく振り返ってみようと思います。

第三章　華と没落を招いた日々

バンコクのアパートへ

私がタイへの移住（二〇〇五年暮れ）に踏み切ったのは、経済的に行きづまったことが主な原因でした。

何ゆえに行きづまったのかは追い追い述べるとして、その他の縁（条件）をいうならば、ちょうどその頃、息子の顔さえ識別できない認知症となった母親が病院付きの施設に入所することができ、その面倒見を田舎の次姉にまかせることができたというのが一つあります。加えて、帰国しようと思えばいつでも可能な現代の発達した交通、通信手段があったということ、これも見逃せません。ひと昔前の、船便しかなかった時代であれば、そうは簡単にいかなかったはずです。さらに、その地が私のいわば第三の故郷といえるほどに、難民ほかのインドシナ取材から始まった、アジアのキー・ステーションであったということもあると思います。その意味では、勝手知ったる異国ではあったのです。

しかし、それまでの一時的な取材旅行ではなく、そこで日常生活を送るとなると、また勝手が違ってきます。むろん、ホテルなどに滞在することは不可であり、できるかぎり切りつめて暮らしていかねばならないという条件つきでした。

そこで、一軒のサービス・アパートメントに腰を落ち着けることになります。そのきっかけは、一人の知り合いがそこに住んでいたからでした。バンコク都内、ディン・デーン（地区）にあって、ラチャダーピセーク通りから七番小路《ソイ》を奥へと入ったところで、数十年前は一帯が野原であったといいます。が、当時はすでに開発がすすみ、コンドミニアムやショッピングセンターなどが建ち並ぶ、都心の一画といってよい便利なところでした。

本館のほかに別館が二棟あって、うち一つは裏庭にある現地人のための賃貸アパートでした。私が借りたのは現地人向けのほう、四階まであるビルの一階で、たまたま空いたところへ運よく入れたのです。

もとより経済苦ゆえ、衣食住すべての経費をひっくるめて月に一万バート（当時のレートで約三万円）、現地タイ人の最低賃金労働者なみの生活です。五畳くらいの部屋に、南国では欲しい冷房などもありません。温《ぬる》い風を送る一台の扇風機が天井にあって、粗末な木製のクローゼット、それに低いベッドと小さな丸テーブルがあるだけの、ある意味で気楽さもある暮らしが始まったのです。

幸いであったのは、アパートを仕切る女主人が非凡といえるほどの親日家であり、日本人に対する面倒見が他より並外れてよかったことでしょうか。現地人専用の安価な別館へ私を入れてくれたのもそのおかげで、他の国籍の人であれば断わられていたかもしれません。その当時、私は五十七歳になっていたのですが、女主人も一つ上の同世代であり、その辺の親近感も手伝っていたようです。政府関係の仕事を間もなく引退するご主人との間に、二人の子供（姉弟《きょうだい》）がいました。家族で日本への旅をしたときは案内を乞われるなどして、ずいぶんと親しくつき合ったものです。それは措《お》くとして――。

愚を連れた移住

移り住んでからの私の暮らしぶりはどうであったのか――。

その性根は、どこに居を移そうと日本にいた頃の延長であり、従って何を試みたところで活路が開けようはずがありません。生活費の安さは、確かに助かるものでした。が、そこに安住していたかというと、そうでもなく、一方では現状に不満や焦りもあって、故国へ返り咲く夢もみていたし、経済的な問題がなくなることも望んでいました。誰の反対もない独りの移住は期間を定めないものでしたが、できれば一時的なものにして、故国への正常な復帰を望んでもいたのです。

ために、ラクになった暮らしの隙間に入りこんでくるものがあって、それらがロクでもない企《たくら》みであったことが、さらなる窮地へと私を追い込んでいきます。

ずっと以前（新世紀に入る頃）、モノ書きとしての壁に行き当たるや、安直に横道へと逸れた、つまり映画に手を出したことがありました（このことは後に詳述します）。その逃げの姿勢は私の根本的ともいえる弱点であり、根こそぎの改善を図らないかぎり、異国に来たところで変わるはずもありません。すなわち、文運が不調なら他で何とかしようと考えて、またも本道を踏み外すようなことをやってしまいます。

例えば、バンコクが宝飾品の集積地であることからその商売を始めることを考えたり、あるいは排ガスを低減する車の部品をタイへ売り込むことを企む人たちの手先になったり、あれこれと思慮に乏しい愚行《ぐこう》をくり返していたのです。まさに懲《こ》りもせずというべき行動であり、すべて失敗に終わったのは当然のことであったと、いまはわかります。

そもそも、安直に畑違いの分野へ踏み入ることが危険であるのは、幾多の失敗例をみれば明らかなはずでした。餅《もち》は餅屋のものであることを認識すべきであったのに、プロの商売人がやるようなことに手を染めたこと自体、どうかしていたのです。それも、全力を投じて商売替えするくらいの気概でやるならともかく、あくまで副業のつもりであったのですから話になりません。何もかもが中途半端で、ただ、いまの生活から抜け出したい、カネがほしい、という欲夢をみていたにすぎないのです。

そういったことに加えて、移住前後に書いた二つのミステリー小説がやはり売れずにシリーズ化に失敗します。それなりに力を入れて書いた刑事ものでしたが、いま一つ大衆的ではなかったのでしょうか。それがきっかけで、今度こそ真の行き止まりが来たことを察知します。版元から二作目で打ち切りを宣告され、しかも、移住前に知り合い、さまざま本気で画策してくれていた編集者が急死するという出来事が重なり、すべてが死に体《たい》の事態となったのでした。

ただ、小説は休止するほかなくなってからもモノ書きの性《さが》が消えたわけではありません。ゆえ、思いつくままに書きすすめたのは、日本では年金の足りない高齢者がいかにタイに移り住んで暮らしていくかといったハウツーものでした。が、これまた他にいくらでもある類書の域を超えるものではないと判断されたらしく、ほとんどが没となり、いよいよ窮地に陥ってしまいます。母親がのこしてくれた幾ばくかの現金遺産にも手をつけて、それもしだいに消えていく、といった有様であったのです。

折から、タイは政治の季節を迎えていました。例えば、反タクシン派による国際空港の閉鎖という前代未聞の出来事のおかげで日本での仕事がキャンセルに見舞われるなど、何かとざわついた日々が続きます。

が、そのような事々もやはり言い訳であって、そこには私自身の小説家としての資質と才能の問題が大きな因として関わっていたことを見過ごすわけにはいきません。すなわち、石に齧《かじ》りついてでもモノを書く仕事で生きていくという覚悟と信念に欠け、我欲に流されたことが、さまざまな失敗や選択の誤りを総括するような弱点であったと思うのです。

そうした浮遊的なところ、しっかりとした筋金の足りなさといったものは、自分に思想的もしくは宗教的な何らかのバックボーンがなかったことが（主な）致命的ともいえる因であったと、いまは確信しています。それぞれの作品を眺めてみれば、その場その時の、体系的なものがない山の一塊《ひとくれ》ずつにすぎません。熱湯の湧き出る泉脈もなければ雄大な山並みもなく、それゆえ常にテーマを探して漂流《さすら》っていなければならなかったという、先の弱点にも通じる困難さが付きまとうことになります。それは、たとえ一時的な成功をもたらしても、いずれ壁に行き当たることが避けられない、あやふやで不安定な資質でもあったのです。

その話はいったん措くとして――、移住してから五年余りの間は、上述のごとく実りのない愚行でもって時間とカネを無駄にします。いま思えば、目先の利ばかりを追う、まさに〝浮遊〟というしかない、浮ついた日々でした。日本においてすでに弱点が露呈していた性向をそのまま引きずって、モノ書きとしての道をしばしば踏み外しながら過ごしていたのです。

そして、アパートの裏手にある、一軒のコーヒー屋の客となったのが、バンコク在住五年目のことでした。路傍にあって屋台的な、客は主に持ち帰り《テイクアウト》していくことが多い店で、はじめは私を訪ねてきたあるご老人がその店をみつけて共に客となり、その後、一人になってからも顧客を続けます。それまでは、如上の愚行に明け暮れていて、店を目にしたところで気にもとめずに過ごしていたのでした。

ここでの日々は、何を措いても記しておかねばなりません。私が最終的に「出家」という選択をするに至った背景と動機があるためで、その店との出会いがなければ、おそらく僧になる考えも生まれてこなかったと思います。それどころか、異国暮らしの果ては惨めなことになっていたかもしれない、といまは思える、それほどの場所であったのです。

朝の托鉢風景に想う

バンコクの朝は、早くから動き出します。

生鮮市場は午前三時に開き、六時ともなると、車やバイクがにぎやかに街を行き交います。勤め人や学童の姿が増えるにつれ、道路沿いには露店がならび、さまざまな商いの店がシャッターを開きます。

六十がらみの女主人が仕切るコーヒー屋は、そのうちの一軒でした。道端のフロアには安っぽいテーブルが三卓ほどあるだけ。コーヒーはインスタント。お代は、十三バート（当時のレートで約四十円）でした。

朝のハイライトは、何といっても仏僧の托鉢《たくはつ》風景でした。近くにある寺院から黄衣《こうえ》をまとった僧がやってくるのが午前六時半から七時前後。通りに出て待ちうける人々からその日に食するものを得る、いわゆる乞食《こつじき》と布施のセレモニーです。

道沿いには、そのための品が方々の卓上《テーブル》で売られています。人々はその品々——飯、総菜、バナナ、ジュース、線香などを載せた一皿を買い、僧の持つ鉢《はち》に入れて差し上げるのですが、とても入りきらず、お付きの者が傍《そば》から手を伸ばし、大袋へと移し替えていきます。品を献上した後、人々は低くかがんで合掌（ワイ〔タ〕）し、僧の小経《しょうきょう》（長寿や幸福を願う祝福の経）を聞きます。僧が背中を向けると、ゆっくりと立ち上がり、早朝のひと仕事を終えるのですが、その表情はどこか安らいでみえたものです。安堵の色というのでしょう、一日の始まりに一つの「徳」をなした（タンブン〔タ〕と呼ばれる徳積み）という思いの表れに違いありません。親子連れもしばしばで、まだ幼い子供までが親にならって地にうずくまり、小さな掌《てのひら》を合わせます。

路傍の托鉢風景

　そのような光景を眺めていると、異文化に接することの興趣《きょうしゅ》をおぼえる一方、自分は果たして、このような精神文化を、これといえる一つも身につけて生きてきただろうか、という問いかけがおのずと身内に生じてきます。答えは「否」――。

　わが国の仏教は、ここまで日常的に民衆とコンタクトを持つことはないし、およそ葬祭時の御用となっていることはよく指摘されるところです。否としか答えようがないことに、一抹《いちまつ》の寂しさをおぼえたものです。身内に口をあけた洞《ほら》に寂寥《せきりょう》の風が通る心地、とでもいうのでしょうか。

精神性の欠落

はじめに述べたように、私が属する世代は団塊の名がつく巨大集団です。いわば〝宿業の世代〟だといまの私は思っています。戦争に負けた後の一現象として、生き残った人たちが「産めよ殖やせよ」という戦前の国家政策に従うかのように、失われた膨大な命の挽回《ばんかい》をめざした結果としてこの世代があるからです。

加えて、私たちが幼い身で教育を受け始めてからのことが、その宿業と関わってきます。つまり、アメリカ（及び英国ほか連合国側）と勝てる見込みもない戦争を起こし、完敗の無条件降伏をしたことや、それによって戦前とはまったく違った形で戦後教育が始まったことなど、まったく知るよしもありません。

明治以降のわが国は、さまざまな問題を抱えながらも、伝統文化の上に、哲学、文学等の隆盛が始まります。それらが親の子育てにも反映されて、公教育においてはいわゆる人間（道徳）教育が実践されていました。ところが戦後は、明治天皇の名で発布された、国民精神の柱としての教育勅語[*1]も、あるいは「修身」といった教科もすべて廃絶されて、それに替わるものが何も用意されなかったのです。

戦前の公教育については、その時代に生きていない私には安直に批評する資格がないので意見を差し控えます。ただ、敗戦後の荒廃した国土に生きる日本人（とくに子供たち）にこそ、真の人間教育が行われるべきであったのに、それが教育現場から失われてしまったことの痛手はいかほどのものであったのか。それを考えることには意味があるだろうと思うのです。

路傍から、僧と民衆の布施風景を眺めるのを日課とするうち、あるいはまた、実際の教育現場を見聞するうち、私のなかに一つの考えが芽生えてきます。つまり、戦後の団塊に始まる世代に欠落していたものとは、幼少期から培われるべき何らかの精神性であり、拠り所となる心の支柱ではなかったか、と。わが身の来し方を振り返れば、その欠如ゆえに、人生に〝浮遊《ふゆう》〟するというほかない行動をさまざまな場面でやらかしたこと（後述）に思いが及びます。眼前の光景に重なる形で、そのことをつらつら思い、自覚させられたものでした。

わが身の幼少年期において、このような精神風土に恵まれていればどうであったか。学校で

＊1 教育勅語――教育に関する勅語――「朕惟《おも》フニ我カ皇祖皇宗國ヲ肇《はじ》ムルコト宏遠ニ徳ヲ樹ツルコト深厚ナリ……」明治二十三年に天皇の名の下に発令され、尋常小学校からの教育方針の基盤となった。忠孝（国への忠誠と親孝行）の精神、兄弟、夫婦、友人同士の和と博愛、学問、人格の研鑽、職業への専心、憲法、法の遵守、緊急時の国家への奉仕精神等、祖先からの敬うべき教え、教訓をもって、国内外において立派な日本国民となるべきことを説くもの。国家に奉仕する精神「忠」など、強制的な官製の道徳をめぐっては議論が多い。戦後、ＧＨＱの占領政策の下で廃止された。

は朝礼の一時間余を費やして、毎朝のように僧の法話を聞き、かつ瞑想の授業があるような教育を受けていればどうであったか。人より優れた大学へ進学することだけが目的の、傲慢性や劣等感を生む競争教育を受けてこなければどうであったか……。

それらは、ある種の無念さにもつながる回顧でした。外からわが国を（来し方を）眺めることがなければ抱き得ない想いでもあったでしょう。伝統の精神文化が日常の風景としてある国にいることでみえてくるものが、そのような追想《ついそう》をもたらしたに違いないのです。

本書でいう〝精神性〟とは、人生を平穏かつ無事に過ごしていくに必要なあらゆる心の様相のことです。とくにすぐれた、立派なものではなくても、人として健在していくための最低限の条件を満たす心の状態、といった意味合いで使っています。

このことは、すでに述べた、さらにこれから述べる事々の根底にある問題であり、これを見落としては何も語ることができません。私のような者が戦後の社会でどのように生まれ育ったのか。モノ書きとしていったんは咲いた華がなぜ落ち流されていったのか。その理由について、日々、コーヒー屋から僧と民衆の托鉢風景を眺めながら、やっとまともな考えを取り戻し始めていたのです。

そうした想いのあれこれを振り返りながら、次に記してみます。

苦節の歳月とスネ齧り

そもそも、私が小説家を志したのは大学時代のことでした。それも後半、専門課程に入ってからであり、出会った恩師の薫陶《くんとう》を受けてその気になったにすぎません。

作家になどなれるのかどうか、まったくわからない、目途も立たなければ自信もない。ただ師に言い渡された十年だけはやってみる、そして、なれなければその時はあきらめる、いわば乗りかけた舟の精神でもって出発したのです。その意味では、幼少期から才能の芽を出していたような大家とは違っていました。ただスポーツの才が少しあるかなという程度のワンパク坊主にすぎなかったことは、その資質についての弱みであり、不利な面であったでしょう。

前に、テーマを探してさすらったと述べました。文章修業十年にして辿り着いた新人賞（佳作）は、学生時代になした長旅が素材でした。その後、苦節が続くなかで書いたのは、やはり難民救済活動という実体験を描くノンフィクションや、新宿の飲み屋街で知り合った元プロボクサーのコメディアンを描く物語であったのです。いずれも、先に述べたように、まるで一貫性のない、ひと山ずつの、その場かぎりのものでした。

もとより、私は純文学系の小説誌から出発しています。が、さらに上の賞をめざして短い小説を書いていた頃から、どうも自分の資質は違うのではないかと感じていました。デビューの作品からして「純」とはいえないものだったし、如上の活動体験や人との出会いをきっかけに描いたものも、そうだったのです。

そして、これといったテーマが長くみつからず、ただ食べていくことに苦労していた頃、かつて難民の救済活動を共にしたある弁護士から一つの情報がもたらされます。ふつう弁護士には守秘義務があるため、どんな資料でも安易に人にみせることはないわけですが、小説にするという私の言を信じ、膨大な裁判記録を手渡してくれたのでした。

やっとめぐり合った題材に食いついた私は、それまでの仕事をバッサリと切り捨て、新幹線に乗って生まれ故郷へと帰っていきます。そこには長い教師生活を引退して老後を過ごす両親が住んでいて、突然の帰省を不審に思ったようでした。案の定、かしこまって頭を下げた私に、はじめは驚きます。もしこれで小説家として立てなければあきらめる、別の仕事で食べていくつもりだから、一年間だけ、生活の面倒をみてくれないか……。三十七歳にもなる愚息のスネ齧《かじ》りでした。

最初は渋っていた父親も、母親があっさりと承諾したことから折れて、安酒くらいなら飲める程度の生活費が月々、きっちりと送られてきます。これでダメならあきらめる約束をした以上、それなりの覚悟をして取り組まねばなりません。以降、弁護士から預かった資料の山を傍らに、半年ほどかけて書き上げたものは、いわゆる性犯罪を扱う裁判ミステリーでした。

それを、あらかじめ話しておいた編集者にみせたところ、すげなくボツ。うちでは扱えない、という回答であったときは、これでもう お終《しま》いかと思ったものです。笹倉さんのものでそんな長編を出しても売れないだろう（売る自信がない）、というのが判断の根拠でした。確かに何の実績もない無名のモノ書きであってみれば、やむを得ないことであったでしょう。が、原稿の中身については何の批評もされなかったことから一縷《いちる》の望みを抱き、別の社を当たってみることにしたのです。

今度もまた人づてに出会ったのは、小説読みとして名の知れた役員でした。面白かった、というのが読後の第一声であり、しかし、いくつかの手直しを求められ、また数カ月をかけて取り組みます。そして、その改稿をみせたとき、これを次回のサントリーミステリー大賞の候補にする、と告げられたのです。

二つの受賞と作家の資質

それは後日、公開選考会という一風変わった方式によって選考委員（五名）の得票を競うことになります。はじめ二対二の真っ二つに割れた後、むずかしい選択を迫られた委員が長く迷った末に投じた最後の一票でもって、私の『漂流裁判』が大賞を受けることになったのでした。一九八八年、折りから父親がガンに侵された片肺を全摘する大手術を受ける直前のことで、スネを齧られた甲斐があったかもしれません。

一度はあきらめかけたモノ書き稼業が、その受賞でもって復活します。そして翌年もまた、追い風が続きます。

その数年前、やはり弁護士から提供された資料をもとに書いた短い小説が、何度か書き直しながら雑誌には載せてもらえずに戸棚に眠っていました。海外、国内とも取材するのに苦労して書いたものだけに捨てがたく、それを引っ張り出して、今度は長編にすべく構成をやり直します。

それを読んだ担当者は、一度の書き直しもなく本にしてくれます。前作での経験が生かされたことと、今度は田舎にこもり集中して書き上げた結果なのでしょう。その作品（『遠い国からの殺人者』）が翌年の平成元年、第百一回の直木（三十五）賞を受けることになったのです。先の大賞と併《あわ》せて二つの受賞作ともに、実在の事件がモデルであったことや、はじめはボツ原稿であったことは、いまはじめて明かす事実なのですが……。

そうした経緯からすると、私はやはり純文学系よりも大衆小説のジャンルが向いているような気がしたものです。一本のミステリー小説に賭けたときがその転機であり、直木賞とその後に書いたものもそうであって、次々と依頼がきた新聞小説（五作）にしても自分ではそのつもりであったのです。

ただ、すでに述べたように、テーマを探すことをくり返しながら、いま一つ方針が定まらない。ミステリーを描くことに無上の楽しみを見出すような作家にもなり切れない。従って、犯罪小説のシリーズ化といったものを試みながら徹底できないでいたことも確かでした。まだ純文学志向から脱し切れない性を引きずっていたというのでしょうか。

中途半端だった理由も、その辺にあったというほかなさそうです。つまりは、みずからの趣向の赴くまま、場当たり的なテーマでもって書き継いでいたことが、行きづまりを招いて然るべき因であったのです。そして、賞を受けた作品だけはある程度売れて羽振りのよい時代があったけれど、その後は何一つ、大衆小説らしい売れ方をしたものがなかったこともまた、私自身の如上の問題に通じる何ごとかを示唆していたに違いありません。

幼少年期からすでに才をみせていた作家とは違うのであって、そのことの不利さ加減をよく自覚しておくべきでした。早晩行きづまることを覚悟して、その能力に不安を感じるぶん、常に危機感を抱いて新しいジャンルを切り開いていかねばならなかったのです。

江戸（西鶴）文学の権威であった恩師は、常に五つほどの引き出しを持っていないとやっていけないよ、と忠告してくれたものでした。が、せっかくの師を持ちながら、歴史を学ぶことをしなかったのも落ち度というものだったでしょう。横道に逸れている暇があれば、江戸を学ぶべく図書館通いをすべきだったのです。そのようなみずからの判断ミスを悔いたのも、すでに異国へと落ち延びて、さらに窮地に陥っていくなかであってみれば話になりません。

城を侵しにくる者たち

いったんは咲いた華が散り落ちていく因果について、その主な部分を述べてきました。それは要するに、私自身の資質と才能の問題が背景にあるという趣旨でしたが、それとは別種のつけ加えておくべき事実があるのです。ある意味では、私自身の資質に関わることでもあるのですが……。

華の頃、齢四十になっていました。受賞は歴代からして若年の部類だといわれたもので、そのことは裏を返せば、その後の光陰の定かならぬ、穏やかならぬ何かを予言するものでもあったのです。何ごとも肝心なのは下山のとき、頂《いただき》で折り返してからの踏ん張りです。であるのに、その自覚が足りず、浮かれるなと自制しても浮かれてしまう部分、他人の褒めそやしに傲《おご》りが出てしまう部分というのがあって、そのことがいろんな場面での不都合、不利益につながります。

苦労して得た文学賞の重さがどれほどのものかはわかっているつもりでした。が、他人のみる目というのが、その重みとはまるで異質のものであることの認識がなかったことから、せっかく築きかけた城を侵しにくる者がいる現実に気づけなかったのです。

それは、まるで擬餌鉤《ぎじばり》に飛びついて釣り上げられるサカナのように、といいたくなるほどの愚かしい行動が皮切りでした。みせかけの善意を振りかざし、世にいう弱者を使って利を得ようとするグループ（偽の慈善団体）が、ぜひセンセイにもご参加いただいて盛り上げていきたい、などと甘言を弄して近づいてきたのは、受賞してからさほどの時を経ない頃だったと記憶しています。

そのとき、少しでも我欲を抑えることを知っていれば、あるいは書く時間が奪われることを危惧する気持ちがあれば、それだけで断わる理由になったはずなのです。が、不用意にもそれを受けてしまいます。そして、さんざん振り回された挙句、相手は警察の手入れを受けるという事態となって、すんでのところで巻き添えを免れた話などは、下手な小説にもなりません。

それでもって懲りるべきでした。が、今度はパンならぬ宝石を目の前にちらつかせ、それが欲しければオレのいうことを聞けといわんばかりに、甘い脇の下をくすぐる人物と出会ったのが運のツキでした。言葉巧みにいかに大きな収穫が先々に待っているかを説いて相手を屈服させ、金銭を出させるのはむろん、私のような者からは名前やコメントでもって協力を引き出していく、といった人物に対する免疫は、これまた若造にはありません。まっとうな感覚を持っていれば、その詐欺性が見抜けたはずであるのに、次々と繰り出される多種多様なニセの宝石に目がくらみ、長い歳月を通してつき合ってしまったのです。

例えば他人の欲と財布を当てにする商法やら、ベストセラーの後追いをする書物の販売益をもくろむ話やら、そのハッタリのきいた絵空事を真に受けて協力させられ（それは前述したように、タイ移住後にも尾を引く愚行でしたが）、終いには支払い金額をめぐって法的手段に訴えるもラチがあかずにあきらめる羽目になるなど、これまた小さからぬ損失を被ったのでした。

そうしたことはしかし、一つ事ならず、その他の対人関係においても大同小異でした。時には足を滑らせて谷底へ転落する恐れにも遭うなど、以前に述べた苦節の時代とはまるで違う展開が待ち受けていたのです。協力的だった弁護士をはじめ、かつては益となった他人の力が受賞後はマイナスに作用して、良貨が悪貨に駆逐されるがごとく、せっかく築いた善なる出会いや交友関係が少なからずの影響を被ったことはいうまでもありません。

最後の華の後

ともあれ、そうしたみずからのお粗末な行動が、いわばボディーブローのように効いてきたのは、受賞から八年ほどが経ってからのことでした。

西伊豆を舞台にした新聞小説（五作目）が終わってそれを本にしようとしたとき、当初は扱ってくれる社がどこにもなく、弱り果ててしまいます。そして、何カ月か後にやっと拾ってくれたのが、賞を受けた頃に知り合い某社に移籍していた編集者でした。作品そのものは連載中からそこそこに好評で、舞台となった合併前の土肥町（現・伊豆市）が夕陽のきれいな町はずれの岬（依頼を受けて私が命名した「旅人岬」）に、文学碑まで建てることになります（静岡新聞連載時のタイトルは『人びとの岬』)。いま思えば、それが最後の華でした。

以来、どこからも注文が来なくなったことに加えて、次に何を書くのかという、いわばテーマが浮かばなくなっていたのです。たとえ何かを思いついても、それはもう過去の作品でやってしまっている。といって、新規の何かを探し求めてもすぐにみつかるはずもなく、小説家としての壁に来たことが明らかでした。

「旅人岬」を望む(西伊豆・土肥)

そもそも、書くという仕事が自分の資質に合致しているのかどうか、自分にどの程度の才能があるのか、という疑問が常に心底にあったと前に述べました。そのことが、こうした壁に行き当たると、ますます現実の問題として感じられてきます。

モノ書きの端くれでスタートして没原稿を重ねていた頃はむろん、いっぱしの賞に届いてからも、その確信のなさに変わりはありません。ために、いつの日かやっていけなくなるのではないかという不安がどこかにあって、そのときのために予防線を張っておこうという気持ちが、他人からの儲け話にも乗ってしまう一因となったことは確かだと、いま振り返って思うのです。

しかも、会社勤めの時代が四年余りと短く、食えない時代が長かった私の場合、年金とてなく（後に払い込み年数を緩和する法改正によって微々たるものが出るようになったものの）、資産といえるものが何もない、という状況があったことも原因の一部でした。

先ほど、それが最後の華だったという言い方で、私自身の作家としての行きづまりを表現していいます。西伊豆を舞台にした長い小説（一年間の新聞連載）が終わった後、その版元をみつけるのに苦労しながら、次に何を書くかのテーマが思い浮かばなかった、と。二十世紀も終わりに近づいていたその頃、そうした私の状況を見透かすかのような話がある知友筋からもたらされます。

そのことが招来した因果な成り行きは、私自身の命運を左右するほどの意味を持つものでした。最後の華が落ち流されていく、つまり斜陽からさらなる没落へ、そして海外移住へと向かうことになったのは、むろんそれだけが原因ではないにしても、一事が万事の浮遊性がよく現れた行動であったのです。ここで、その顚末を記してみるのも、移住前までの私を暴くにはふさわしい術《すべ》に違いありません。

道を外した因と果

きっかけは、いわば俗世の甘い誘い水によるものでした。

ある日、一人の知人が、越後湯沢（新潟）のある旅館の女将からの要請だという話を持ち込んできます。曰く――、昨今の温泉街の不況を挽回するため、かつて川端康成が『雪国』を書いて名を成したように、いま一度、私の手によって舞台を同じくした何らかの作品を執筆してもらえないだろうか？……要するに、当時はやりの村おこし的な企図《きと》による誘いかけだったのです。

もしも私がそのとき、忙しくてそこまで手が回らない状況にあるか、そういう話に関心がなければ、たとえ知友の橋渡しであっても断わっていたでしょう。が、前述のごとく、ちょうど一年間の新聞小説も了となり、モノ書きとしての行きづまりを感じていました。それに、温泉好きの私にとっては、提供される宿泊などの条件も悪くないものであったことから、時を置かずして、やってみましょう、と答えます。川端作品の知名度にあやかれば、自分のよい転機となるかもしれない、などと考えていたのです。

そうした動機からして、いささか不純なものでした。執筆途上でもう一軒、舞台として参加したいというホテル（在・月岡温泉）が現れたことから、小説の後半はそこへと拠点を移し、よい温泉にも入れてもらいながら、半年ほどで長編一作を仕上げてしまいます。

作品の評判はまずまずでした。心配していた女将たちの評も無事にパスし、まずは胸を撫でおろします。が、出版に漕《こ》ぎつけるまでには、また次なる因縁が存在します。

ある社の担当者の段階ではオーケーの返事をもらっていました。ところが突然、上層部から不可の判断が下されて逆転するなど、先の新聞小説の版元を探しあぐねたのとそっくりの状況を来たし始めます。そして転変の末、やっと別の社に拾われたのでしたが、さっぱり売れない、という結果に終わります。その原因もさまざまあるはずでした。が、初版どまりというのは当時の出版界のふつうでもあったわけで、とくに気にする必要はなかったのです。

ところが、思い通りにいかなかった不満が私のなかでくすぶっていました。ために、あるパーティーで知り合った映画監督に、この作品を映画にできないだろうかと話を持ちかけます。監督からの、やりましょう、の返事に喜んだのは、映画になれば売れなかった原作も注目されて、また別の展開があるだろうと踏んだからでした。

そこで、ではお願いします、となぜ原作者らしく放り出さなかったのか。いくつかの理由が考えられるものの、直接の因は先ほど述べた、作品が売れなかったことへの不満と憤りであったのです。人まかせにはできない、ある種の欲への執着といってよかったと思います。もっとも、学生時代の一時期は演劇部に所属した経験があるなど、舞台や映像に関心があったことも確かでしたが……。

さらなる苦難の連続

それからの顚末は、もはやモノ書きの仕事ではありません。

プロデューサーは一人いたものの、資金集めの過半は私がやらねばならず、それもこれも私（及び監督）のコネ、ツテでもって試みていくことになります。

一時、どうしても資金が足りないことが壁となった際、監督みずからの進言で、原作者の私が監督（脚本はもとより）までやるという案が浮上します。それならば、話題性もあって資金が集まるかもしれない、という目算があったわけです。が、そこまでの出しゃばりはさすがに遠慮して、やはり監督はそれが本職の人がやればよい、と決めたのでした。映画に手を出すなら、そこまでやるべきだったという人の批判はあくまで結果論であり、もし受けていれば、さらに畑違いの畑で頓死《とんし》していたかもしれません。

幸いにして、私の旧友がその友人を誘って大金を出してくれたことから、やっと一応のメドが立つことになります。が、あくまで最小限の予算を埋めただけで、完成までの状況によっては足りなくなる恐れもありました。そして案の定、一カ月余りのロケーションでは、人間関係のむずかしさや奇怪な性格をもつスタッフの暴挙など、さんざん「苦」を舐《な》めさせられることになります。

挙げればきりのない出来事のなかで、とりわけ給金の支払いを一日も待てずにやらかした撮影スタッフのストライキには、何ゆえにそこまでと頭を抱えたものでした。まるでガス欠を起こしたクルマのごとく、多額の経費がムダになるのも憚《はばか》らず、一投足も動かそうとしなかったのです。監督もまた、私より一つ上の団塊世代でした。世代が隣り合わせたそのような後生《こうせい》を説得する力とてあるはずもない、そのことが我ながら恨めしく思えたのを憶えています。

窮地を救ってくれたのは、余命いくばくもない私の父親でした。予想以上に入用となった資金を無心に帰ってきた愚息に、痛む身体を動かして、二冊の預金通帳を黙って渡してくれたのです。どうにもなさけないその経緯《いきさつ》については未だ関係者の知るところではなく、いまの私にも言葉がありません。

そんなふうに綱渡りしてやっと完成したものを待ち受けていたのは、さらなる苦難の連続でした。今度ばかりは何の助力もない、冷たい世の現実が厚い壁となって立ちはだかります。お上（文化庁）から宣伝費としてもらえるはずであった助成金や、興行面で当てにしていたものからもことごとく裏切られ、見放されてしまいます。その公開前後（二〇〇一～二年）、未曽有の大ヒットをなした某外国映画の勢いに遭《あ》って巷の単館へと吹き飛ばされ、人々の目にはほとんど映らなかったことも含めて、ついていない面が多すぎたのも、偶然とはいえない因・縁のなせるところだったのです。

煩悩への無防備さ

本来ならば、もうひと踏ん張りしてモノ書きの本道を行くべきであったのに、そうしなかったのはなぜだったのか。それは、行きづまりを迎えたときに露見したもの、つまり煩悩[*2]に対する抵抗力の弱さ、心のスキにつけ込んできたものへの無防備さでした。

とりわけ、「欲」というものが常に流れに同伴していたからだと、いまは自覚しています。心の河のどこかにそれが藻屑《もくず》のようにあり、底の敷石（前述の本来的な弱点）と共に流れに影響を及ぼしていた、というのでしょうか。自分の才能を信じきれずに不安をおぼえていたのも、いまの地位を失うことを恐れるという意味で、我欲の裏返しでした。それがなければ淡々と平静でいられたはずなのです。

まだ飢えてもいないのに甘い誘い水に心を引かれ、谷底に転落しないまでも渓流に落ち流されていきます。気がつくと、河の行き止まり、その先は視界のきかない暗い海しかない、とい

＊2 煩悩――タイ語は「サォモーン（悲嘆、憂い、の意）」。ふつうパーリ語から来る「キレート」が使われる。三大煩悩とされるのがパーリ語で、ローパ（欲）、トーサ（怒り）、モーハ（痴〈無知〉）と呼ばれ、その他のティッティ（見＝誤った邪見、偏見の類）、イッサー（嫉妬）、マーナ（慢＝人と比べて優劣をいう等）など、心の汚れとして不善心（十四）のうちにあるもの（とくに十煩悩とされる）。テーラワーダ仏教では徹底して排すべきものとされ、それをどの程度まで払拭できたかによって、悟りの程、すなわち四段階ある聖人（アリヤブッコン〔タ〕）の程度が決まるとされる。最高位の阿羅漢（アラハン〔パ〕）は、すべての煩悩を消し去った者（修行完成者）のことをいう。

ったところまで来ていたのです。目先の利を求める愚かしい行動の数々も、河を汚す藻屑に類するもの、つまり私のなかの不善としてある部分が健全な精神を損なっていく、といったことが名だたる文学賞を受けた直後から始まっていたのです。

それは要するに、不安材料としての資質と才能の問題が浮上したともいえる、ある種の「堕落」でした。もし私が当時、作家としての十分な気骨とプライドを備えていたなら、村おこしという文学と関係のない話には乗っていかなかったでしょう。ましてや大家の名にあやかろうとして『新 雪国』などと、媚びへつらうようなタイトルをつけるはずがなかった（電子書籍ではすでに改題していますが）と思うのです。脆弱な浮ついた精神しか持ち合わせていなかった事実について、それを堕落の証しといわずして何というべきか。溜息のほかは出てきません。

むろん、失敗のなかにもいくらかの取り柄、救いなるものがあったことも確かです。スタッフの給金だけで一日百万円が消えていく世界をどうにか乗り切れたのは、ロケ中の宿泊、食事ほか全経費を引き受けてくれたホテル女将の絶大な協力があったおかげでした。その他、窮地に出資金を出してくれた人たちをはじめ、長年の友情から無償に近い協力を惜しまなかった音楽家や主演ほかの男・女優、さらには私が作詞した主題歌（「雪の花」）を作曲と歌で支えてくれた女性たちにも恩義を感じたものです。また、そのときの自分はその程度の者でしかなかったという認識を後に与えたという意味で、一つの体験にはなったわけですが……。

ともあれ、以降はまるで後遺症のごとく、低迷が続きます。路頭に迷ってしまったといってよく、どんなモノを書いても生活のための足掻《あが》きにすぎなかったことが悪循環を招きます。経済的に追いつめられた状況のなかでは、少なくともかつての作品を超えるものができるはずもなく、あるモノは没原稿となるなど、ついに浮上の機をなくしてしまいます。

先に、一事が万事だと述べました。それは、映画の一件にかぎった話ではなく、その他もろもろの成り行きについても本質はすべて同じ、薄っぺらな精神性に起因する〝浮遊〟であったのです。バブルもはじけて国中が不況に喘《あえ》いでいったのと、私自身が本道を外して浮き足立った行動を重ねていくのと、期せずして歩調を同じくしていたことも、因果な関係のうちに入れてよいかもしれません。

ここで、そのような精神性しか持ち得なかった人間が、いかなる戦後社会に生まれ育ったのか、その背景としてあるものは何なのかについて、これまでの話を踏まえて述べておく必要がありそうです。それは、はじめのほうで述べた、路傍のコーヒー屋からの光景――、僧の托鉢と人々の布施風景を眺めながら脳裏に去来した事柄と深く関わっています。そのような精神風土が失なわれた戦後の日本社会に育ったことに、風が通るような寂しさをおぼえ、ある種の恨みさえ伴う回顧をすることになった、その中身を述べておきたいと思うのです。

戦後教育の実態

これまで、みずからの来し方について、浮遊する、という表現を使っています。浮き漂う、とは私自身の感覚的な表現であり、この歳まで生きてきた軌跡の有様を表したもの、といえます。

そもそも私が日本を離れた主な原因である経済的困窮にしても、私自身がまっとうな生き方をしてこなかったことが濃い影を落としています。その因や縁といえるものとして見過ごせないのが先に記した〝精神性の希薄さ〟であり、これについては言葉を足していかねばなりません。また、世代的な「宿業」とは、現世での「戦争」をはじめとする罪業が及ぼすさまざまな影響、因果応報といった意味合いで使っています。

すべてを時代や環境のせいにすることは、むろんできません。それが占める割合もそれぞれのケースで異なってくるでしょう。が、その影響というのは少なからずあるはずです。戦前とはまるで違った戦後の（公）教育という環境一つをとっても、程度の差こそあれ、個々の行為、行動に影響を及ぼす因をなしたと思うのです。

確かに戦争が終わって平和な時代が到来していたという意味では、まだしも幸いな世代といえるのでしょう。とはいえ、戦争の後遺症を身に受けて育たざるを得なかったという点では、決して恵まれていたとはいえない、相当に危うい部分を合わせ持つことになった、というのが私の見方です。

いわゆる学校教育というものが一国の民にどの程度の影響を及ぼすのかについては、人によって考え方が異なると思います。が、私自身は、大きなものがある、というのが以前からの考えです。このことは、例えばその国の教育いかんで日本に対する姿勢も違ってくるという事実がよく語ってくれています。タイ国の場合、戦時中は日本軍の通過、駐留によって少なからずひどい目に遭いながら、戦後の公教育のなかで反日を叫ばなかったことが、いまに至る日タイの友好関係を築くベースになったというのは確かなことなのです。

そこで、わが国の戦後民主主義の美名の下に始まった教育がいかなるものであったかを顧みれば――、文部省（現・文部科学省）の政策レベルでいうと、アメリカに従属してそのいうことを聞く、つまりＧＨＱ〈連合国軍総司令部〉（総司令官・マッカーサー元帥）の占領政策に従うほかなかった、というのが現実でした。その有様について簡略にいえば、定められたカリキュラム（外国語は中学校から英語に限定）の点数を競わせて序列をつけ、それぞれの評価、進路を決める、というのがおよその中身、実質であったのです。

私が地元の高校教師であった父親（後述）を避け、若干名を募集する試験を受けて編入学した私立校は、いわゆる中高一貫のミッション・スクールでした。そこに入学したときは、同級生の全員がすでに高校初年度の教科書を習い終えていたことに仰天したものです。ために、いきなり（高二からの）難解な数学や英語についていくのに苦労して、一時は絶望的な気分に陥ったのを憶えています。

そこでの宗教色といえば、各授業の開始時に起立して教師と共に聖書の冒頭句を唱えるだけでした。あとは何の強制もなく、一般の公立校に倍する学習を課して（部活も週二日に制限して）一流大学をめざす方針があったにすぎません。ミッション系の学校ですら、宗教的な教えはおろか、人間性の良否などは価値観として入り込む余地も表向きにはなかったといえます（教会があったので信者になる者はいたのですが……）。ただ試験の点数さえよければすべてよし、それによってその者を讃えたり貶《おとし》めたりすることしかしない現場であったということなのです。

精神的支柱がないゆえに

そのような教育を受け入れるしかなかった世代の現実は、成人した後の結果もしくは成り行きに目を向けるとわかってきます。

それは何だったのかといえば、少なからずの者が問題の多い、ときに悲劇的な青春期（さらにはそれ以降）を過ごさねばならなかったことでしょう。その典型的な例が私の周りにもいくつかあって、一つは女性のケースでした。

Sさんと出会ったのは、一九七〇年代の初頭、当時住んでいた東京の場末——、おもしろいマスターが貧乏な学生たちを愉《たの》しくもてなしてくれるスナック喫茶でした。彼女とはそこで顔を合わせるだけの間柄でしたが、最後に会ったのもその店で、何日か後には日本を離れて旅に出る私に手を振ってくれたのを憶えています。

実のところ、そのときすでに彼女は、激化していく学生運動に取り込まれており、相当な活動をしていることは知っていました。私が籍を置いた大学でも、キャンパスの封鎖や授業のボイコットが収まらず、本来の学びの時間などはその間隙をぬってしかとれない有様であったことから、まさに同じ時代を共有していたといえます。私自身はそうした運動についていけず、加えて恩師に出会ってモノ書きを志したこともあり、休学をして海外への長旅に出る決心をしたのでした。

そして一年後、帰国した私を待っていたのは、その彼女が学生運動（全共闘）からさらに残党の過激派（連合赤軍）に加わって、終《しま》いには特異な女性ボスらの指揮するリンチ殺人の犠牲になって土中に埋もれたというニュースだったのです。

どうしてそんなことになってしまったのかと問うたところで、正解が得られるわけでもありません。ただ気の毒なことだったとやり過ごすほかなかったのですが、いま振り返ってみれば、真相のすべてには届かずとも、ある程度のことはいえそうな気がします。

すなわち、もし彼女が子供の頃から培われた、いわば寄る辺となる精神的支柱を備えていたならば、時代の一現象としての、主義主張の正当性も定かでないものに染まることも翻弄されることもなかったのではないか、と思うのです。彼女が受けた学校教育といえば、やはりカリキュラムの点数を競うだけの、入学試験に必要となる知識の詰め込みに終始したはずです。ゆえに、身を投じた過激派組織においても、みずからを守るうえに十分な精神の拠《よ》り所となく、あまりに愚かで無意味な理由でもって、その命を絶たれてしまったのです。

むろん、これは私の見方であって、もし彼女の声が聞けるなら、何というかはわかりません。が、少なくとも、それは違うと全否定することはないように思うのです。当然ながら、彼女自身の生来的なものや他の環境も因としてあったにしても、拠って立つべき精神の砦《とりで》が築かれていなかったことだけは確かだという気がします。

対照的だった母と父

私の母は晩年、相当な認知症になってからも、自分がかつて教師であったことだけは忘れずにいた人でした。むずかしい漢字を書いてみせるので、どうしてこれが書けるのかと問えば、国語の先生やったから、とすまし顔で答えたものです。

それだけ聖職としての意識がつよい人であったのですが、というのも、昭和の初めの一時期を女子のための師範学校（奈良）で過ごす間、将来の師としてのあるべき姿、つまり徹底して人間重視の教育をなすように、との心得を叩き込まれたからだといいます。が、それを実践できたのは女学校《じょがっこう》（現在の高校）の先生であった戦前の一時期だけで、戦後の新制校ではそれをやろうとすると問題が起こる、と嘆いたものでした。女学校時代の教え子の幾人かは、母がすっかり老いて施設に入る頃まで師として慕っていたことを知っている私は、その絆《きずな》の太さ、公教育というものの影響の大なるを実感させせられていたのです。

母が長く勤めた高校（新制）は、兵庫県下では名の通った公立校でした。が、大学への進学だけが目標という教育方針に逆らった母は、国語の成績などより、その生徒がどういう人間かに評価の基準を置いていました。それゆえ、例えば作文がよければ他の点数が足りなくても進級させるといった方針を貫いたことから、文部省（当時）の指導に忠実な学校側と軋轢《あつれき》を起こし、一時は教育委員会のお偉方が追放を企《たくら》んだこともあったくらいです。

それでも妥協一つしなかったのは、もとより頑固一徹な性格であったのと、生徒には人気のあった紅一点（女性教師はまだ少ない時代ゆえ）の矜持《きょうじ》だったでしょう。晩年、そうやって自分をいじめた教育界を思い出しては涙したもので、孤軍奮闘といってよいその苦労の中身を裏返せば、戦後の教育現場の実相がみえてもくるのです。

一方、父はそういう母とは対照的に体制に従順でした。地元の高校で教壇の教師が父親であるという珍しい体験をした姉たち（二人）の証言によれば、おもしろくもおかしくもない、真面目だけが取り柄の社会科授業であったそうです。可もなく不可もない、当たり障りのないごく普通でいることが、保身のためには最善の術であったに違いありません。

しかし、戦前の旧制中学では、軍国日本に刃向かわないまでも、軍部のいうことを丸呑みしない、よく説教もする、気骨のある青年教師であったそうです。米軍機が校庭にまいた空襲警報のビラを、信じると国賊《こくぞく》扱いされるのを承知で信じ、生徒を下校させて大勢の命を救ったこともあったといいます。後に名を成した教え子から私自身が聞いたことです。そうした証言は他にもあって、戦後の教育体制こそが父の変節を招いた大きな背景であったことは動かしようもありません。

実際、教育勅語を完璧にそらんじていても、それを常識として子供たちを導くわけにはいかなくなったという現実は、父にとっていかんともしがたいものだったと思います。私が幼い頃は、我がままや贅沢をいうときっとビンタが飛んでくるだけの、怖い父でした。この殴るという行為も、拠り所であった教育の柱を折られてしまったことで、家庭においても教え導く言葉を失っていたからに違いないのです。

ビンタは軍国日本の残滓《ざんし》（上官が下の者を殴打する慣習）でしたが、加えて、説いて教える言葉をなくした「体罰症候群」が、いまよりはるかに多く日本全土を覆っていました。それは、戦前にはあったお上《かみ》の権威ある言葉（教育勅語）でもって教える法、術《すべ》をなくしてしまったことからくる精神的焦燥、苛立ちのせいでもあったに違いありません。

私が激しい暴力に怯えた、小学校二年生時の担任は、男女の別なく殴ったものでした。小さな女の子の身体《からだ》が、教室の窓際まで吹っ飛んで、壁にぶつかるのをみたときは本当に驚いたものです。八歳時の記憶なのに、顔面を叩く音まで未だにまざまざと浮かぶのは、私と仲のよいおてんば娘だったからでしょうか。

中学時代の一人の教師は、卒業式には決して顔をみせることのない人でした。よく殴った生徒たちの報復を恐れたためで、式の後に学校のそばの橋の上から大川へ投げ込まれるのが怖くて（一度経験して懲りて）、欠席を続けていたのです。まさに戦後の穏やかならぬ教育現場の先駆けであり、現在の比ではない暴力教師が全国に五万《ごまん》といたはずです。そのことが個々に与えた影響、つまり子供たちが受けた心の傷は浅からぬものであったと思うのです。

カワイソウの真意

私の伯母（奈良県下で長く高校教師を務めた人）があるとき、やはり戦後教育の有様を嘆き、あなた達がカワイソウだといったことをよく憶えています。まだ中学生であった私は、なぜそんなふうにいわれるのか、わからないままであったのですが、思えば浅からぬ意味を持つ台詞《せりふ》でした。それは要するに、生徒との人間的な交流に欠け、人としての道、あるべき姿を教える時間を持たない教育現場のことを指していたのです（これは全国一律ではなく、地域や学校によっては倫理、道徳といった時間を持ったところもあるようですが）。

ともあれ、先に述べたSさんの話の他にも、驚かされる出来事はさまざまありました。過激派による反体制運動はその前後にも数あり、航空機のハイジャックからビル街の爆破、さらには外国の空港で自動小銃を乱射して民間人を無差別に殺傷する輩まで現れるに及んで、さすがに仰天したものです。

とりわけビル街の爆破事件[*3]は、私自身が当時勤めていた東京・丸の内で起こり、窓際にあった私の席もまたガラスの破片の直撃を受けたのでした。たまたまその日、前夜の暴飲がたたって体調をくずし、会社（電機メーカーの宣伝部）を休んでいたことから、奇跡的に助かったという経験も記憶に埋め込まれています。

また、私が書きものの取材で裁判所（東京地裁）に出入りしていた頃、公判が行われている事件のかなりの部分が団塊世代のものであったことに、嘆息を禁じ得なかったことを憶えています。殺人をはじめ、性犯罪、詐欺、窃盗、強盗など、それもこれもといいたくなるほど、私と同じ世代かその前後の人たちの事犯でした。ニュースになった悲劇的な集団の事件や世間を騒がした個人的な事件のあれこれをみていても、主犯がそうであったり、その共犯者がそうであったりするなど、ともかく同世代の顔がしばしばであったのです。

そうしたことは、世代の人数が多いという理由だけではない、もっと深い、根底にある問題を示唆していたように思います。つまり、そういうところにも、戦後日本の教育をはじめとする環境を背景とした、深刻な精神性の欠落をみざるを得ないのです。

むろん、否定的な面だけをあげつらうのは誤りだろうと思います。団塊の世代はとにかく数が多いだけに、教育その他の環境による影響の度合い、それによる人生の陰影、色合いといったものも（他の世代に倍して）さまざまです。

また個別的には、そうした戦後環境に、絶対的な、救いがたい欠陥があったとは言い切れない、という見方もしておくべきかと思います。特定の宗教、思想色がないために、かえって束縛を受けずに独自の生き方ができた人たちもいたことは確かで、私の周りにも幾人かの例を挙げることができます。なかには、国内外を問わず生涯を決する出会いを持ったり、家庭環境などからしっかりした教育を受けた人もいます。あるいは、逆境に打ち克ってさまよわずにすんだ人もいるわけで、このことは断わっておかねばなりません。

＊3 三菱重工ビル（東京丸の内）爆破事件――一九七四年八月三十日、三菱重工業ビル玄関前に置かれた時限爆弾が爆発、八人が死亡、多数の重軽傷者を出した。「東アジア反日武装戦線」（「狼」「大地の牙」「さそり」の三グループ）の犯行。「犯罪被害者等給付金支給法」が制定される契機ともなる。

その上で話をすすめるとして――、私自身の場合はどうであったのか。そうした戦後社会の影響をどれくらい、どのように受けてきたのかという問題は、この書の目的に沿う大事な点だろうと思うのです。

自己の責任の定義

むろん、すべてを時代や社会のせいにはできない、と前述しています。その責任を問うことのむずかしさは、個々によってその影響の度合いが異なるためであり、同じ環境の下で育った兄弟ですら違っているのです。

私の場合、長男で末っ子という生まれ育ちをとってみても、甘やかされて育ったのだろう、と他人にも察しがつくでしょう。しかし、それだけではない、DNA的な本性としての部分も環境にプラスして考えるべきだし、一概にはいえないものがあることも確かです。

お宅《たく》の（先生の）子供は世間を知らない、といわれたこともありました。確かに、人の世の怖さを知らずに育ったようなところがあることは否めません。何かにつけてワキが甘く、他人の言葉を無批判に信じたり騙されたりするのは、笑えない欠点であったでしょう。父は、騙すより騙されるほうがよい、などという人であったし、母は、私のワンパクに対して一切の怒りはむろん叱りもしない、勉強していると傍《そば》にきて肩を揉んでくれるような、度外れて優しい人だったのです。

そういった環境がどのような影響を与えたのかについても一概にはいえません。自由奔放に大らかに育った面がある一方で、後々、むずかしい人の世を渡っていく上での大切なもの、対人関係における慎重さや、金銭感覚や自我の抑制といったものを希薄にさせる何らかの因を植え付けたのかもしれません。

母の代理を務めた祖母にしても、孫の私が戦死した息子（父の弟）の生まれ変わりのようなものであったことから、宝もののように扱っていたと思います。常に一歩を譲っていた二人の姉の存在と併せて、自分が一体どの程度に甘やかされて育ったのか、シカとはつかみ切れません。が、かなりのものであったことは確かな気がするのです。その意味では、家庭環境というものも学校教育のそれに匹敵する（あるいは相乗的に）影響を及ぼしたことは否定のしようもありません。

しかし、そういったことも、意欲のみで頑張っていた苦節の時代、心が純で無名の時代には何の問題もなかったし、むしろ好もしい利点となっていたようにも思います。ただ、ひとたび名だたる文学賞を受けてからは、前に述べたように、明らかに不利益をもたらす、危険な性格に転じていたのです。つまり、一つの性格的なものもその時々、その場の状況次第でどのようにも作用し得る、ということだろうと思うのです。

いわゆる「自己責任」とは何か。どこまでを自己のみの責任とすべきなのか、という問題もむずかしい話だろうと思います。

刑事裁判には「情状（酌量）」という、弁護人がしばしば使うものがあります。私が小説のために傍聴した事件でも、それを焦点にしたものがほとんどでした。殺人事件から比較的軽い犯罪まで、罪を犯した人間の刑罰を軽減するにはそれしかない、といってよいほどの弁護法なのです。とりわけ殺人の事犯では、その人の生い立ちからはじめ、罪を犯すに至るまでの環境などを取り上げ、それらを情状とします。つまり、自己のみの責任に帰すことができない外的な環境要因が行為に与えた影響を考慮すべき、との考え方があるためです。

たとえば、敗戦後の悲惨な環境のもとで生まれ育ったことや、落ちこぼれを招いた戦後社会という背景などが、情状とされた事件もありました。それは当然の訴えだろうと思います。が、それをどこまで認めるのかは、また別問題としてあるわけです。

「業」と責任の関係

人の「業（カンマ〔パ〕）」とは、仏教では、あらゆる善・不善の（善でも不善でもないものを含め）行為をいいます。自分ではどうすることもできない生来的なものや、生後の環境などが原因となってもたらされたもの、すべてを含めた行い（行為、行動）のことです。脳科学的な見地からすると、人の本性は七、八歳くらいまでにおよそ完成するそうですが、基本的な性格は確かにその頃にでき上がっているのでしょう。

テーラワーダ仏教では、七歳からの得度を認めています（これは古代インドからの「律」として）。ちょうど小学校に入る頃合いです。その時期に僧としての始まり（資格）が可能とされているわけです。

すなわち、その年頃ともなると、善も不善も有しているし、長所もあれば欠点もできている。それぞれの部分が外からの影響によって変容していく。ために、育て方、指導等の環境がより大事になってくることを示唆しているのだろうと思います。実際、人は十二歳くらいまでに、脳のさまざまな領域（とくに前頭葉）をそれ以降よりはるかに劇的に発達させるそうですが、それに関わる環境の影響は、生来的なもの（遺伝）に匹敵するといわれています。

そして、そうした環境とは別に、個々の「努力」というものが同じ程度に大事になってくるのは当然であり、そこに自己責任が発生する、と私は考えています。仏法に照らせば、「精進（ウィリヤ〔パーリ〕）」なるもの、つまり、さまざまな物事を成就しようとする努力のことで、それにどれだけ力を注げるかという問題が生じてくるわけです。

従って、生まれながらの身分には意味がなく、環境の力とも一線を画した、個々の精進（努力）による「果」に価値を置くのがブッダの教えです。人は成長するにつれて、環境からの影響とは別に、むしろそれに抗《あらが》うくらい、正しい精進というものが大きな比重を占めるようになる。つまり、努力の程度がより大事な要素になってくる、ということなのです。

そして、成人してからは、招いた結果について他のせいにしてすませることはできなくなる、だんだんと言い訳（弁解）が通りにくくなってきます。それは、その努力の程《ほど》が自己の責任として問われるからだと思うのです。

ゆえに、さまざまな刑事裁判においても、外的な環境要因のせいとして全面的に免責されるはずもないわけです。人が人を裁くうえで、どの程度の情状を認めるかの判断がむずかしいことはいうまでもありません。

一方、「業」についての考え方には、経にも示された一定のものがあります。つまり、他の誰かのせいがあるにしろ、それがどの程度であるにしろ、すべての業とその結果はみずからが無条件に引き受けねばならない、というものです。たとえ原因のなかに他の責が半ばあったとしても（例えば言葉巧みな詐欺師のせいでお金を失ったとしても）、結果はすべて自分が引き受けるほかないわけです。

この明快な解答は、先の自己責任の解釈を業という側面から補強するものです。論者のなかには、業の引き受け「義務」と「責任」の問題（自他によるその分担の問題）を混同させている人がいます。が、両者には異なる意味づけをしなければなりません。つまり、業の結果は全面的に引き受けなければならないけれど、責任というのはそうではない。あくまで他者との分担を考慮に入れなければならないのです。

例えば裁判では、相手方と争う民事の場合、責任の比重をめぐる問題です。男女間の係争がドロ沼に陥《おちい》りやすいのは、この判定をするのが容易ではないからです。そこでもまた、結果の引き受け「義務」と原因をめぐる「責任」の解釈を混同させてしまう誤りが起こります。つまり、結果としての判決を全面的に受け入れる義務を怠り、感情的に責任をなすりつけ合うなど、問題をこじらせてしまいがちなのです。

そうしたことは、自死などの社会問題にも通じています。何ごとにしろ、すべての責任を負う必要はないにもかかわらず、自己を窮地へと追いつめ、滅びへと向かわせてしまう現象もまた、戦後（かつ伝統的でもある）日本人の心の問題に含めてよいように思います。

これは、裁判制度などなかった封建制の時代に、招いた結果の責任を全面的に引き受ける、つまり死（切腹等）をもってつぐなうなど、言い訳をさせなかったことの影が現代に尾を引いているためのようにも思えるのですが……。

戦後環境の責任の程《ほど》

それはともかく、私の過去のある場面では、しかるべき精進を怠ってしまうことがありました。さらには堕落するといったことも起こります。それについては、縷々《るる》述べてきた通りです。精進が必要な場面で、安逸に流され、ラクなほうを選ぶ、その気になればできたはずの努力をせず、といったことがあったのです。モノ書きとしての壁に行き当たっては横道に逸れ、経済的窮地に陥っては逃げにかかり、といった大事な場面での体《てい》たらくや、移住後にもたび重ねた愚行についての話です。

これらに関して、むろん業の全面的な引き受けは、前述のごとく当然です。が、すべてを自己の責任に帰すべきものなのかどうか、あるいは、ある程度の情状は認められてよいのか、という問題が私のなかで提起されます。それもまた、路傍のコーヒー屋から人々の布施風景を眺めながらのことだったのです。

そうした業の根底に、遺伝など生来的なものや自分ではどうすることもできなかった環境要因があったとするならば、やはり戦後社会という大きなスクリーンが背後にみえてきます。公教育にしろ、家庭環境にしろ、業が招いた成り行きと結果の責任をいくらかは免責してしかるべき情状がみえてきたのです。

それがつまり、バンコクの路傍にあった精神文化、風土としての〝精神性〟を持ち得なかった来し方を回顧した、という言葉の意味内容といってよいかと思います。これまで述べてきた戦後社会の公教育をはじめとする環境——、すなわち、人の幸福を物質的豊かさと同一視して、もはや戦後ではないとか、所得倍増だとか、列島改造だとか、なりふりかまわず突っ走る国家社会とも本質的に同じ次元でしか生きられなかった、ということなのです。

それは、いわば河の濁流に呑み込まれてしまうようなものであったでしょう。欲は抑制するものではなく、発展の条件であるかのように持つのが当然とされていました。成長とは、人の心のそれではなく、経済のことでした。教育現場ではカリキュラムの点数を他と比較して優劣を競い合い、嫉妬し合い、もろもろの煩悩にまみれ切っていました。譬《たと》えていえば、ロクに調教も受けずに野放しにされた生きものが巷を浮き漂《ただよ》うがごとくに生きてきた、というのが私自身の来し方に対して抱く（決して大げさではない）正直な思いだったのです。

そこには、仏法に適《かな》うことなど、ほとんどありません。それもこれもブッダの教えに反する生き方であったことに驚かされ、かつ呆《あき》れたのは、後に出家してからのことでしたが……。

ともあれ、タイへ落ち延びてからの暮らし、十年余りの歳月がいかなるものであったのか、その図柄についてはまだ述べ足りていません。それは、およそ五年目を境にして前半と後半に分かれます。日本から持ち込んだ性根には何の変わりもなく、むしろ悪化していった前半部については、この章のはじめのほうで述べました。大きな転機を迎えた後半部は次々章にて記すことにして、ここで再び出家式へと話を戻します。

第四章

四堕の戒めと出家資格

――タイ仏教の出家式(二)

「四堕」とは何か

式次第は、次に「遮法試問《しゃほうしもん》」に入るところでした。その者に出家資格があるかどうかを確かめるためのものです。

が、その前に、式師の後に従《つ》いて唱えた「戒律」について解説を加えておきたいと思います。カイリツとは、「戒」が僧や信者が守らなければならない決まり、掟のことで、「律」がその集団を統率、維持するための規則、規範といった意とされます。二つを合わせて戒律となるわけですが、本書では戒と律に分けて述べることがあります。

いわゆる「十戒」は、未だ沙弥《しゃみ》（白衣姿）であり、正式な出家前の、通常二十歳未満の未成年僧が守るべき掟です。が、むろん正式な僧となってもこれらが基本中の基本です。とりわけ最初の四項目、すなわち殺生、盗み、非梵行《ひぼんぎょう》（性行為）、虚言の禁は「四堕」と呼ばれ、非常に大事な、犯すべからざる戒とされています。正式な僧となれば、その戒律は二二七条といきなり跳ね上がるわけですが、この四項目は、その冒頭にも置かれ、犯せば重罪となる「パーラージカ法」（四条）として君臨しています。

殺生の禁

まず、〝パーナーティパーター……〟とは、殺生の禁（不殺）のこと。在家に対する五戒の冒頭も文言は同じで、その意味するところも原則として変わりません。すなわち、あらゆる生きものから、その命を奪ってはならない、とされます。

これは私も以前から知っていて、式を待つ間のゲストハウスではとくに、蚊を殺さないことに神経を使ったものです。ゴキブリについては、バンコクにいるときも人々と同じように叩いたことはないので問題はなかったものの、蚊についてはやっかいでした。蚊にかぎらず、どんな小さな生きものであっても、命を奪うことはむろん、その可能性のある行為すらもやらないのが僧の正しい姿勢なのです。

遮法試問の場面

この不殺の戒は、人間の殺しである場合に究極の罪となるのは当然といえます。在家はむろん法律で裁かれるわけですが、僧は加えて、サンガから追放されることになります。僧籍を失う、つまり強制還俗させられてから逮捕され、刑務所行きとなるわけです。そして、みずから手を下した場合のみならず、人の手を借りてやったり（武器や薬品を渡すなどして）、死を美化するなど言葉を弄してその者を死に追いやったりする行為も、あるいは何らかの手段で胎児を死に至らしめた場合も、同様の罪としてサンガを追われます。

盗みの禁

次なる盗みの禁（不偸盗《ふちゆうとう》）、〝アティンナーターナー……〟については、当然の戒とはいえ、その意味するところは浅からぬものがあります。在家にとっては日常的にも神経を使うところで、例えば万引きなどは決して許されません。みつけたときは迷わず警察を呼び、逮捕、裁判にまで及びます。このあたりの徹底ぶりを知らない手クセの悪い日本人が、ときに痛い目に遭う話を在家の頃はよく耳にしたものです。常に教えを聞いて原則としている国と、そうでない国の違いなのでしょうか。

また、僧にとっての盗みとは、誰の所有物かわからないもの、あるいは誰の所有物でもないものを、勝手に持ち去る行為を意味します。すなわち、与えられていないもの、人の許可を得ていないものはすべからく、自分の所有にすることはできない、という掟なのです。

これまた、相当に厳しく守られています。例えば、私のいる寺の境内にはさまざまな熱帯の果樹があり、暑季にはとくに鈴なりの実をつけるのですが、それらを勝手にもいだり、地面に落ちているのを拾ったりすることはできません。それをやるのは在家の役目で、例えば寺に住む若者（デック・ワット〔タ〕）が採り集めます。僧はあくまでも与えられたもの、在家から献上されたものしか手にできない（食べられない）、という掟は徹底しているというほかありません。ましてや、市場のものを盗んだ日には、それが大量で高額であった場合、やはりサンガを追放されてしまいます。これも許されない重罪、「パーラージカ法」（四条）の一つとしてあるものです。

罪となる目安としては、古代インドの時代、釈尊によって定められたものが適用されます。つまり、諸国の王（当時、ガンジス河流域には十六の主な国があった）から、お前は盗賊であると告げられ、投獄、追放等の罰を受ける程度の盗みを働いたとき、とされています。現代では、窃盗の事犯として刑事罰に相当するもの、と考えてよいようです。

不邪淫

次には、〝アッパンマチャリヤー……〟、非梵行の禁（不邪淫）が続きます。これは、いわばテーラワーダ仏教の生命線ともいえる一項であり、出家者にとって最大の難事となることはよく指摘されるところです。非梵行とは性行為のことで、僧がこれをなした日には、容赦なくサンガを追放されて（二度と得度はできない）、この上ない不名誉を被ってしまいます。人間の欲なるもののなかでも代表格といってよい性欲を否定する、それも完全に、容赦なく「非」とします。

この戒はしかし、在家に対しては（五戒の一として）文言が変えられています。〝カーメースミーチャーチャラー　ウェラマニー……〟と唱えるもので、邪《よこしま》な淫行から離れる、平たくいえば、性への耽溺や浮気の禁、となります。

このように、僧に対しては厳しい仏教でありながら、戒を守れない在家を罰することはない（刑事罰は別）ところに、意味深い対照をみる気がします。すなわち、その対比（違い）こそが、テーラワーダ仏教が民衆に支えられて健在していける一つの背景であるからです。

蚊の一匹も叩けない。草の葉の一枚といえども我がものにできない。女性の衣にさえも触れることができない（これも群衆のなかでは苦労することの一つ）。そういった厳しさがなければ、そして、僧はそれらを忠実に守っているという人々の信頼と畏敬がなければ、三宝（仏・法・僧）の一角が崩落することとなり、生き残れなくなるに違いありません。

とはいえ、決して安穏としていられない状況については、それぞれの僧が日常的に実感しており（不祥事が起こった日にはなおさら）、日々、緊張感を抱いて、在家の目も気にしながら過ごしていることは確かなのです。

妄語の禁

四堕の最後は、妄語（虚言）の禁、〝ムーサーワーター……〟です。これは、むろん在家も同じ唱文であり、文字通り、ウソ偽りの戒めです。

　僧の場合、これも在家とは違っています。つまり、ただの日常的な嘘ばかりではなく、仏道修行上における虚言であり、自分は常人を超えたという知見、いわゆる上人法《しょうにんほう》を得た、といった騙《かた》りをすること、平たくいえば、悟ったような口をきくことを指します。その際、他より追及され、もしくはみずからそれが偽りであることを認めた場合、やはりサンガを追放されることになります。

　これまた、意味深いものを含んでいます。仏教徒の目標は、日常的な善行であるタンブン（「徳」を積むこと）とは別に、教えの実践の成果としてある「悟り（解脱）」というものです。悟りによって、完全な形での「苦」からの脱出が可能となります。それには四つの段階があって、最高位の阿羅漢《アラハン》まで、それぞれ「道」と「果」を越えていかねばならないのです。そういう修行を完成させたといえば、最高の聖人の域に達したことを意味することから、そう簡単に実現できるものではありません。ゆえに、それを他人に向かって口にするというのは、非常に重い罪とされるわけなのです。

　ここでは、住職クラスはむろん大僧正といえども、みずからが悟りを得ているなどと口にすることは決してありません。それはまた、これまでの歴史において、上人法を騙る者はすべからくそれが嘘であることがわかったという、現実に基づく掟でもあるのです。

教戒では、独り静かに瞑想することに愉《たの》しみをみている、といった悟りを匂わすような台詞《せりふ》すら口外してはならない、と諭されます。思わせぶりな口をきく者も信用がならない、ということでしょう。人は誰しも、自分を大きく偉くみせたいという欲を多少なりと抱くものですが、そういう面からも実に意味深い戒といえそうです。

以上が四堕として、出家式の最後に、「四依」（後述）に続いて、和尚からトクと念を押されます。先に乞い求めた教え、依止《えじ》として言い渡されることになるのです。

適格者かどうかの問い

さて、儀式は後半に入ります。集会の外、本堂の入口付近に立って待つ私と、やって来た式師及び教戒師との問答――遮法試問です。

僧になるには、当然ながらそれにふさわしい資格というものが必要です。つまり、サンガの一員として迎え入れることのできる適格者でなければなりません。遮法とは、「遮」の意の通り、不適格者（危険な者）を退けるための法といえます。

〝アマローよ、聞きなさい。これはあなたにとって、真実を示さねばならないとき、事実を述べるべきときです。……あるのなら「有る」と、ないのなら「無い」と答えなさい。困惑することがないように。当惑することもないように。……〟

問答の内容は、すでに私が前もって承知していることなので、戸惑うはずもないわけですが、内容には意外なものも含まれています。

〝あなたはハンセン病を患っていますか（クッタン?）〟

〝いいえ、尊師よ（ナッティ　パンテー）〟

最初にいきなり、ハンセン病が飛び出します。これは古代インドではよくあったといわれる重病の一種（旧称・癩《らい》病）で、いまは非常に少ないといえるのですが、このへんがやはりテーラワーダ仏教の真骨頂といってよいかと思います。何がなんでも昔からの仕来たり、伝統を守り通す姿勢です。

あとは、「腫瘍病（カンドー）」「疱瘡病（キラーソー）＝天然痘」「肺病（ソーソー）」「てんかん（アパマーロー）」の有無であり、それぞれについて「無い」を確認します。

加えて、この問答にはないものの、その他の伝染病に罹《かか》って完治していない者は遮断されます。身体に障害がある者、虚弱体質の人も（修行に耐えられないとして）不適格者とされています。

さて、ここまでは、〝いいえ、尊師よ（ナッティ　パンテー）〟と答えるべき問いばかりです。が、次にくる一連のものには「肯定形」で答えることになります。

〝あなたは人間ですか（マヌッソー　スイ）〟

〝はい、尊師よ（アーマ　パンテー）〟

これが肯定形群の冒頭にきます。前の続きに、ナッティ（いいえ）……、と返してしまうといけないので、とくに気をつけていました。人間（マヌッサ〔パ〕）の音に耳を澄まして、無事、

〝アーマ　パンテー〟と答えます。

これを特異な問いとみることはできません。古代インドでは、魔物や龍（河などに棲むとされる生きもの）が人間の姿に化けるということが信じられていたようです。とくに龍王は護り主（神）でもあって、寺院の門口などにその彫刻が這っていたりします。相手の姿かたちは人間だけれど、中身はそういうものの化身かもしれない、と疑うのはごく当たり前の感性であったようです。

いまのタイでも、「ピー」と称される霊（悪霊、善霊とも）の存在はおよそ信じられており、それが土俗信仰として生きています。とくに悪霊は恐れられていて、それを追い払うための術《すべ》も仏教の儀礼のなかに入り込んでいるくらいなのです。

続いての問答は、以下――

〝あなたは男性ですか（プリソー　スィ）〟

〝あなたは自由者ですか（ブチッソー　スィ）〟

〝あなたは負債のない身ですか（アナノー　スィ）〟

〝あなたは公務につかえていない身ですか（ナスィー　ラーチャパトー）〟

〝あなたは両親の許可を得ていますか（アヌンヤートースィ　マーターピトゥーヒ）〟

〝あなたは二十歳に達していますか（パリプンナ　ウィサティワッソー　スィ）〟

〝あなたの鉢《はち》と衣は完備されていますか（パリプンナン　テー　パッタチーワラン）〟

仏教比丘《びく》となるには男性（プリサ〔パ〕）であることが条件であり、女性は除外されています。昨今は、女性の得度も認められるべきだとして、そのための活動を始めている人たちもいます。これはどの世界にもいえる女性の権利の拡張運動の一つだと思うのですが、伝統の壁は厚く、そう簡単ではなさそうです。ただ、スリランカでは女性の得度を認めている派があり、そこへ渡航して比丘尼となった人たちが帰国して成した集団はありますが、タイ・サンガとは別個のものです。


公務（ラーチャパトー〔パ〕）に就いていない身、というのは政府の職（軍務など）にありながら（もしくはその義務を忌避して）得度することを禁じているのであって、休職したり、正式に辞めている人は何の問題もありません。

タイでは、すべての会社の男子従業員は、一時僧休暇というのを（百二十日以内）もらえることが法律で定められています。七月から十月にかけてのパンサー（雨安居）*期に約三カ月（タイ暦では八月～十一月〈他国の太陰太陽暦も月齢は同〉）の休みをとって念願の僧修行をする人も少なくありません。むろん、修行期間はその他の時期でも可能で、十五日から一カ月程度であってもよく、それぞれの都合によるようです。

外国人の場合、ごく短期間（三カ月から半年程度）、体験してみるだけという人が大多数を占めています。この一時僧制度は、テーラワーダ仏教国のなかではタイで最も一般的に行われているもので、一つの特色といえます。

ただ、期間はまだわからない、というのは認められません。ために私の場合、世話人である僧（仏教大学生）と相談のうえ、とりあえず一年を過ごし、その後のことはそれから考える、という話に落ち着いたのでした。むろん、延長はいくらでも可能で、現に私は未だに（四回目のパンサー期〈二〇一九年〉を迎えてもなお）継続しているわけですが……。

自由者の意味

話を戻します。遮法試問という、出家の資格を問う場面でした。人間かつ男性であることが確かめられた後、自由者（ブチッサ〔パ〕）か否かの問いもまた重要な部分です。

出家する以上、その障害となるものは、何はさておき妻や子供といったものにほかなりません。それの有る無しは、本来ならば二の次の問題であり、家を出るというのはそういう束縛を決然と断ち切ることであって非難されるべきではないとする考え方もあります。ゴータマ・シッダッタ（出家前の釈尊の俗名〔パ〕）が家（城）を出たのも、ある日、まるで蒸発するかのように、王子の身分を棄て妻子を置いて旅に出たのでした。

が、このようなことは、目的が何であろうと好ましくないという考え方が現代の仏教社会では多数を占めています。その意味では、釈尊は別格であり、その後の成り行きをみれば十分に許されることであったでしょう。後には、みずからの養母、息子とその母親（元妻）までも出家者として（仏）弟子にしてしまうほどの人物であったということで、ただの出奔《しゅっぽん》者とはわけが違っていたのです。

しかし、ふつうはそういうわけにはいきません。聞くところによれば、かつては女性とのいざこざから逃れるため、あるいは妻子を棄てること（責任の放棄）が目的の出家者もなかにはいたそうです。いわば駆け込み寺のようなもので、そういうことは許されない、というのが現

＊パンサー（雨安居）期――パンサーの語は、サンスクリット語が起源（パーリ語は、ワッサ）。タイ僧は当初、クメール王朝（現カンボジア）の言語による学びを強いられた。その名残（カンボジアには初め大乗仏教が入った〈後にテーラワーダ仏教が優勢となる〉ためにサンスクリット語も混在）が仏教用語にはみられる。雨季には道がぬかるんで歩行が困難であったため、僧は一定の住居に定住する習慣が古代インド、釈尊の時代からあり、同時に僧の修行期間としたことがいまに続く伝統となっている。パンサー入りのことを〝カオ・パンサー〟（タイ暦八月・満月の日の翌日から）といい、前日の祝日（アーサーンハ・ブーチャー〔パ〕＝初転法輪）と共に非常に大事な日とされる。また、僧歴は、このパンサー期を何度過ごしたかによって定められる。

代サンガの姿勢なのです。

家族がある人は、少なくともその了解を得ているかどうか、雇用主がある場合はその承諾を得ているかどうか、という問いでもあります。一時僧であれば短期なので問題はない（妻子や恋人はその間待っていればよい）としても、無期限のつもりであれば、独身の身であるほうが好ましいとされます。

私の場合、出家するに際して、唯一の取り柄としてあったのが、この条件に適うことでした。が、そうはいっても、なかなか俗世のシガラミ、心残りを断ち切るわけにいかなかったことが出家を先送りした理由の一部でもあったのですが、その後、すっかり自由者になれているかというと、とてもそうとはいえません。

この私生活上の問題については、次章以降にて述べることにします。

その他の資格外

次の、負債のない身ですか、という問いは、俗世にそれを残していると、修行に差し障るからでしょう。僧はビジネスが禁じられていることや、高僧にでもならないかぎり布施も知れていることから、借金を返せる見込みが立たない（ゆえに返済義務の放棄につながる）という事情もあるようです。

私の場合、これについてはどうかと問えば、真っ白というわけにはいかないことに思い当たります。

例えば、世人のなかには、私が映画に手を出して借金をつくり、クビがまわらない状態に陥ったというふうな、大いなる誤解を公にしている人がいます。いくら愚かしい欲夢をみていたとはいえ、私にはもとより大金を借りる度胸などなく、およそ知友関係からの出資という形でまかなったのでした。が、未だ出資者への恩返しを果たしておらず、歳月を過ごすうちに亡くなってしまった方もいるなど、これまた心残りの一つです。いずれは弁償しなければという気持ちはあるものの、それがいつになるのかはわからない、ゆえに灰色というほかないわけです。

親しい知友のなかには、私が食に窮して出家するのだろうという者もいて、それもまた的外れではない、理由の一つとしてあるものでした。苦節の時代を含めた長いモノ書き稼業のなかで、食えなくなることはまぎれもない恐れであり、それから逃れるための闘いをしてきた、というのが実感です。それだけに、異国暮らしの果てに訪れた、文無しともいえる困窮状態は身におぼえのある切実なものであったのです。

出家してしまえば一切の生活費がかからない（光熱費くらいかと当初は思っていたけれどそれも要らない）。ゆえ、その年（二〇一六年）が明けてからは、それまでの日数をかぞえながら過ごしたものです。実際、東京に住む娘（元配偶者との次女）に借金を申し込んだのは、やはり最後の数カ月をどうしても過ごし切れないと判断したためでした。チェンマイへ向かうバス代、ゲストハウスの宿代ほか出家式にかかる費用も計算に入れると、幾日かは飢えるかもしれない状態であったのです。

このときばかりはつくづく情けない父親を自覚したものです。何の事情も聞かずに娘は希望額を振り込んでくれたのでしたが、子供たちと交流を持ってきたことをこれほどありがたく思ったこともありません（次章に詳述）。ただ、遠い過去の賑やかだった日々に、貯えの一つもしなかったのは何とも浅はかだったと省みるだけの歳の取り方はしているようでした。そのことが、もう少し生きてみたい、生き改めたいと願う根拠にもなっていたのです。

このままでは死ではなく生を選んだ甲斐がない。ここで終わってしまっては、それこそ最終的な敗退者となってしまう、といった気持ちが出家前夜の心境のなかにはあったのです。その意味では、食うに困って、というだけではない、少しは取り柄のある理由もあったといえるでしょうか。

両親の許可については、およそのタイ人に問題がないようです。とりわけ母親が幸福を感じるといわれます。息子を僧にすることによって寺院の建立に次ぐ高い「徳」を得るためだそうで、長い歴史に培われたタイ人の精神文化の一面といってよいかと思います。家庭内における母権の絶大さについては、わが方の常識では計れないほどのものです。母のため、というのを出家理由の第一に挙げる僧（少年僧も含め）が多いのは、それが孝行の最たるものであるからです。

かつて在家であった頃、アパートのそばでみた、出家者を見送るパーティーは一族挙げての実に晴れやかなもので、男子ならば一度は僧を経験することがいわば成人（一人前）への条件とされる社会通念を、よくわからせてくれたものです。

これは後で知ったことですが、資格外として挙げられるものにもいわば程度の差があって、得度した後でわかったとしても還俗させる必要のないものも含まれています。伝染病があるとか人間ではないというのは困りますが、借金の話や自由者か否かなどはいわば軽罪であり、ただ責任のある戒和尚《かいわじょう》だけは叱責を受けるようです。

その他、絶対的な資格外とされているものもあって、これらは後に発覚すれば還俗させられます。すなわち、黄門（去勢者、同性愛者）、両性具有者、阿羅漢を殺した者、父親を殺した者、母親を殺した者、サンガを追われた者（パーラージカ法〈四条〉を犯して還俗させられた者）、ニセ僧、外道（仏教以外の信仰を持つ者）、サンガを崩壊させようとした者、比丘尼（尼僧）を凌辱した者、ブッダ（釈尊）の体を傷つけ出血させた者、等。

こうした資格外のなかで、父母殺しというのが最も注目すべき一項かと思います。それは、俗世の法律でも尊属殺人として重罪とされますが、サンガの一員となる資格はたとえ刑期を終

少年僧（サーマネーン）

えても与えられません。タイにおける親子関係の緊密さは、このような仏教精神の反映ともいえそうです。また、修行完成者としての阿羅漢を殺したり、ましてやブッダを傷つけること（これは古代インドの話）も特別に重い罪としています。その他の殺人は、悔い改めた後であれば可能です。

また、正式な僧は、二十歳（ウィサティワッソー〔パ〕）以上とされ、未成年者は具足戒《ぐそくかい》（二二七戒条）を受けることができません。従って、得度しても法名はなく、守るべき戒も「十戒（既述）」のみが課せられます。なかには二十歳を過ぎても具足戒を受けない者もいるのですが、サンガ内での位は落ちてサーマネーン（沙弥）と同じ扱いです。

また、ニセ僧とは正式な出家式を経ることなく黄衣《こうえ》姿となっている者のことです。監視が厳しくなかった昔はむろん、いまもたまにいて、報道ネタとなることがあります。食いつめて布施を頼りに生きていた姿が実は異教徒だったという話などは、やはり民衆の失望を招くもので、サンガの悩みの種といえるものでした。僧たる者はすべて所属の寺院を持たねばならなくなったことの背景には、そうしたニセ僧を排除する目的もあったようです。

郵便はがき

料金受取人払郵便

代々木局承認

6948

差出有効期間
2020年11月9日
まで

1518790

203

東京都渋谷区千駄ヶ谷4-9-7

(株)幻冬舎

書籍編集部宛

1518790203

ご住所　〒

都・道
府・県

フリガナ

お名前

メール

インターネットでも回答を受け付けております
http://www.gentosha.co.jp/e/

裏面のご感想を広告等、書籍のPRに使わせていただく場合がございます。

幻冬舎より、著者に関する新しいお知らせ・小社および関連会社、広告主からのご案内を送付することがあります。不要の場合は右の欄にレ印をご記入ください。

不要 □

本書をお買い上げいただき、誠にありがとうございました。
質問にお答えいただけたら幸いです。

◎ご購入いただいた本のタイトルをご記入ください。

『　　　　　　　　　　　　　　　　　　　　』

★著者へのメッセージ、または本書のご感想をお書きください。

●本書をお求めになった動機は？
①著者が好きだから　②タイトルにひかれて　③テーマにひかれて
④カバーにひかれて　⑤帯のコピーにひかれて　⑥新聞で見て
⑦インターネットで知って　⑧売れてるから／話題だから
⑨役に立ちそうだから

生年月日　西暦　　年　　月　　日（　　歳）男・女				
ご職業	①学生	②教員・研究職	③公務員	④農林漁業
	⑤専門・技術職	⑥自由業	⑦自営業	⑧会社役員
	⑨会社員	⑩専業主夫・主婦	⑪パート・アルバイト	
	⑫無職	⑬その他（　　　　　　）		

このハガキは差出有効期間を過ぎても料金受取人払でお送りいただけます。

ご記入いただきました個人情報については、許可なく他の目的で使用することはありません。ご協力ありがとうございました。

沈黙という了解

さて、この問答（遮法試問）の最後は、名前の確認です。

〝あなたの名前は何ですか（キン　ナーモー　スィ）〟

〝尊師よ、私の名前はアマロー・ビクです（アハン　パンテー　アマロー　ビク　ナーマ）〟

続いて、〝戒和尚の名前は何ですか（コー　ナーマ　テー　ウパチャーヨー）〟と、聞かれます。これを忘れては礼を失するため、親指の付け根の部分にカタカナで記しておいたのをみて、〝尊師よ、私の戒和尚の名前は、スィリパットー様です（ウパチャーヨーメー　パンテー　アーヤサマー　スィリパットー　ナーマ）〟と、答えます。

次に式師は、いま、この出家志願者を試問したことをサンガ衆に告げ、集会の外（試問された場所）に居残っている私に、〝こちらへ来なさい（アーガッチャーヒー）〟と、招き寄せます。そこで私は衆のなかへ戻り、戒和尚に向かって三拝してから、合掌したまま——

〝諸尊師よ、私はサンガに受具足戒を請《こ》い願います。諸尊師よ、サンガは憐れみの心を持って私を出家させてください。くり返します……、もう一度くり返します……（サンカンパンテー　ウパサンパタン　ヤーチャーミ　ウッルムパトゥ　マン　パンテー　サンコー　アヌカンパン　ウーパーターヤ　トゥティヤンピー……タティヤンピー……）〟

式の初めには出家（沙弥として）を請願し、最後にもう一度、今度は正式な僧としての得度を願い出るわけです。

すると、式師はサンガ衆に向かって、この沙弥、アマロー・ビクは具足戒を求めている云々と告げた後、〝遮法（再度の試問――しかしこれは省略された）によって、その結果により適時が到来したなら、確実な法たる白四羯磨《びゃくしこんま》（サンガにおける議決法で全員一致を必須の条件とする）によって、我らはこの者に具足戒を授ける決定をします〟等と述べます。

しかる後に、式師は、「白（告知＝ヤッティ〔パ〕）」と「唱説（確認＝アヌッサーワーナ〔パ〕）」という最終の作業に入ります。すなわち――、この者（アマロー・ビク）は諸々の遮法から「清浄」であり、サンガに具足戒を求めているゆえ、サンガにとって適時が来たと判断すれば、アマロー・ビクに具足戒を授けてほしい、云々というのが「白」と呼ばれるもので、その後、確認の「唱説」に入ります。

つまり――、アマロー・ビクは諸々の遮法から清浄であり、衣と鉢も揃っていることから、サンガはアマロー・ビクに具足戒を授けます、と告げます。続いて、サンガ衆に向かい、〝そのことを認める方は沈黙し、認めない方はそのように述べてください〟と、賛否を確かめるわけです。そして、最後に式師は、座が静まっているのを確かめてから、「結」として宣します。〝アマロー・ビクは、スィリパットー様を戒和尚として具足戒を授けられました。サンガはそれを容認していることから沈黙しています。私はそのことを確認します〟

沈黙が了解を意味するというのも、独特の手法です。ここまで来て反対の声を上げる者はいるはずがないとわかった上での採決法であり、手間のかからない法といえます。これもテーラワーダ仏教の合理的な形といってよいでしょうか。

この後、僧生活の心得として、「四依《しい》（食・衣・住・薬）」と「四堕」（前述）なるものが戒和尚から説かれるのですが、四堕についてはすでに記しています。ために、四依なるものについて述べることになります。

その前に、これも出家の背景として見過ごせない、遠い昔に招いた私生活上の問題と、移住後の大きな転機となったある出来事を挟んでおこうと思います。

第五章　家族をめぐる愛と苦

自業自得の愛苦

テーラワーダ仏教では、「愛」こそは「苦」の因であるとします。とくに僧にとっては、修行の妨げになる「渇愛」や「執着」に通じる、非常に危険なものと見做《みな》されています。

それは、いわゆる四苦八苦の後段（前段は生・老・病・死の四苦）にある一つ、「愛別離苦《あいべつりく》」とも関わっています。すなわち、愛するものとの別れも苦であり、好まざるものとの出会いもまた苦であり……云々と、日常の「経」の章句にも表されています。

ここで、そのような「愛苦」（私自身の造語）について、遠い昔に招いた私事《わたくしごと》を暴露《ばくろ》しておくのも、この書の目的に適うだろうと思います。

もとより、結婚というのはむずかしいものです。その届けの提出を境に、それまでの関係性が変質していく、という状況はおよその人が多少なりと体験していることであるはずです。

私の場合、大学時代にキャンパスで出会った相手が長女、自分も長男、そして、両方ともに両親が健在であったという、一見好ましい状況が、やがて必ずしも好ましくはない関係へと向かいます。というのも、私自身が親元を離れて東京に住み、モノ書きをめざしたという、いわば特殊性によるものでした。

五年ほどの付き合いを経て結婚に踏み切る際、私は二つ目の会社も辞めて失業中でした。そんな資格もないのに、将来はモノを書いて食べていくのだから……、といった驕《おご》りがあったのです。案の定、そうした私の態度、姿勢に不安を感じたのでしょう。ほどなく子供（長女）を身ごもったのを機に、配偶者は生まれ故郷へと帰っていきます。そして、その両親の庇護《ひご》の下、もはや二度と都会へは戻ってこなかったのです。つまり、その時点で、東京のアパートに留《とど》まって（三つ目の）会社勤めを続ける私との変則的な別居が始まります。

一方、私にも故郷の実家に両親がいて、できれば孫と一緒に暮らしたい、という希望がありました。それは、次女が生まれ、長男が生まれてからはなおさらでした。ところが、やはり同様に孫が可愛い妻方（義父母）は、しっかりと子供たちの面倒をみながら、私の故郷へと手放すことなどは眼中になくなっていきます。

一時は、失業した私のために学習塾までもビルの屋上に建ててくれたりしたものです。むろん、未だ食えない娘婿への配慮でもあったのですが、商家の助っ人としての長女の存在は（二人姉妹であっただけに）、義父母にとってなくてはならないものになっていたのです。

その間、妻方での学習塾もそれに埋没することを拒んでやめ、再び別居へと向かいます。東京は阿佐谷《あさがや》の当時はまだ三畳間があった木造アパートにこもり、元職だったコピーライターのアルバイトと雑誌の原稿料をわずかな収入源にしながら、懸賞小説に応募することをくり返していたのでした。

二人の女性と子供たち

そして、やっと新人賞（第四回すばる文学賞）の佳作を得、デビュー（一九八〇年）を果たすことになります。が、妻子を自分の故郷へと向かわせるまでの力は相変わらずなかったことから、子供の養育はそこそこに豊かな妻の実家に頼るしかありません。ために、私の側の両親には申し訳ない気持ちのまま、また長い月日を過ごします。そして、その間に起こったことが、私をしてさらに複雑な状況へと向かわせることになるのです。

それは、妻との別居暮らしが長引くなかで招来した、別の女性との出会いでした。が、こちらとも別々の生活が始まります。貧しい私の力には頼らず、会社勤めで自活しながら、アパート間を行き来するうち、これも絵に描いたような次第へ、つまり妊娠するという成り行きになったのです。

別居中の妻とは、その頃にはさらに問題ぶくみの状況になっていました。というのも、私の側の両親の願いがわかっていたことから、子供たちの囲い込みがいっそう堅固になっていたのです。義父が立派な家を新築して娘と孫たちを住まわせたこともそうでした。妻子を養えもしないで自分勝手にモノ書きを続ける男など、身内と認めたくはなかったでしょう。が、一方で、それがために娘と孫を手元に置いておけることもわかっていて、義父母もうるさいことはいわなかったのですが……。

いずれにしろ、まだ配偶者であることに変わりはありません。ゆえ、現状のままに別口の子供が生まれるというのは、戦後の日本社会では当然ながら非常識とされます。一時《いっとき》、先方の母御と姉も加わって、いったんはあきらめるという話になったのでした。が、いざとなると、身ごもった女性の子供への愛着はひとかたならず、ついに病院へは行かないまま月日を過ごします。

誕生したのは男の子で、いざその顔をみると、反対していた先方の母御も気持ちを変えて、正式な孫の扱いに転じます。そしてまた、やがて事実を知る私の両親も三人の孫たちを可愛がれない分の思いをその子に向け始めます。皮肉なことに、浮気に始まる私の不善行が老いていく父母の慰めになっていて（はじめは素直に喜べないところがあったとはいえ）、後には何かと支援もしてくれたのでした。

しかしここでも、配偶者とは今後どうするのかという問題が立ちはだかります。いまや紙きれでつながるだけの夫婦関係といえど、妻の地位は動かしようもなくあるわけです。その資格でもって相手の女性と争いを起こすことも世間ではふつうに起こっているし、そういう事態だけは避けねばならない、という断固とした思いが生じてきます。

で、どうすればいいのかという思案のなかで、とにかく籍だけは抜いておく、という計画を立てることになります。そうしておけば、いずれ事実（別の女性と子供の存在）がわかったとしても相手を訴えることはできない、という考えであり、いささか狡《ずる》い法でした。が、私の意志は固く、別れの談判が始まります。

理由としては、まず私の側の両親の気持ちを挙げることになります。つまり、もう無駄な待ちぼうけはやめさせたい、というのが言い分でした。これも偽りではなく、二次的な理由としてあったものです。実際、母屋の隣に妻子を迎え入れるための別館も建て、孫が弾くようにとピアノまで買い込む姿は、いっさいの小言を口にしない親であっただけに、可哀想であったことも確かなのです。

案の定、はじめは届《とどけ》に印を押すことを拒みます。それも、離婚などすれば世間体が悪い、というのが主な理由でした。が、このような形の夫婦関係は不自然だと、私は突っぱねます。子供たちとは今後も交流を持っていくつもりだし、もうこちらの家に入ってくれないのなら籍を抜いてほしい、とゴリ押し的に説き伏せたのでした。そして、離婚が成立してからは、私の両親ももはや待つことをやめ、むしろ孫たちへの愛着から解放されたようなところがみえたものです。

むろん、離婚当時の元妻はそのような真相を知るよしもありません。後日、私に別の女性との子供がいることを知った日にも、別段、怒ることがなかったのは、自分にもいくばくかの責任があることを自覚していたせいもあったでしょう。やさしい人で常に事態を気にかけていた義母が、亡くなる前に、先方の両親には申し訳ないことをした、と言い遺したこともあるかもしれません。

そうして、元配偶者とは子供たちを介して交流するだけの仲となったのでしたが、もう一人の女性とは、子供ができた後も別々に暮らします。男の子には母方の姓を名乗らせ、父親の私は認知だけですませます。というのも、私自身が結婚のやっかいさに懲りたことから、もうけっこうだという思いがあったのと、元妻とのまだ幼い子供たちとも平等につき合っていきたいという気持ちがあったのです。母と子はそれまで通り、朝は保育園に預けて勤めに出るという、大変ながらも十分に幸せといえる暮らしを続けます。

そうした健気な母子の姿を近場の別のアパートから眺めていた私は、子供を身ごもった後はさっさと温かな実家に引っ込んでしまった元妻に対する見方とは違って、いまの食えない状況を何とかしないといけない、という思いに駆られたものです。こちらは一人の貧しい親（母親のみ）に頼れるわけでもなく、周りに山と渓谷しかない北国の故郷へ帰ってもしかたがない、無一物といってよい身の上であったのです。

この辺の因果もまた、モノ書きとしての私の見過ごせない絵図であったに違いありません。一本のミステリー小説に賭けるため、親のスネを齧《かじ》ってまでなした決死の覚悟や、はじめは短編の没原稿だったものにねばり強く取り組んで長編小説に仕立て直した気概といったものは

(第三章に既述)、その母子がいてくれたことによるもので、お蔭さまといってよい存在でした。名だたる文学賞に届いたのは、前にも記したように、弁護士らの絶大な協力等も強い追い風となったことは確かです。が、間近で子供なるものの成長をみていると、その速さに遅れをとるわけにはいかないという、まさに環境のなせる力もまた大きく働いていたのです。

再びの浮遊と放埒

人生には、これで万事、何の問題もないという瞬間がありません。これも仏法でいう無常のうちなのでしょう。いっぱしの文学賞を受けたことでその後のすべてが順調にいくはずもない、次なる現実が待ち受けていました。

つまり——、私自身の身の置き所をどこに定めるべきなのか、という問題が生じたのです。配偶者と別れた時点で、新しい母子の側にすっかり属してしまい、もとの子供たちとは交流を断つという形をとることが私にはできなかった、そのことがその後の状況の大もとの因となっていきます。

元妻とは別に喧嘩して、憎み合って別れたわけではないし、子供を介してのつき合いは続けるという条件であったことは前に述べました。ゆえ、たまには同じく可愛い子供たちの顔をみるために、二時間ほど高速バス(東名)に乗ることになります。が、そのことがもう一人の女性にはすこぶる気に入らないことであったのです。

バスに乗ったことがわかった日には、ケンもほろろの、以前よりずっとはげしい嫉妬が待ち受けていました。なるほど、これが世の現実かと思ったものです。別れたほうを棄てて別の家庭を持つというのがふつうのケースであるのは、相手を独占したいという我欲が幅をきかせ、寛容な精神《こころ》を追いやってしまうからでしょう。どちらにも全面的に与《くみ》せず、中立の立場で両者とつき合っていく、という私の考えなどは、世人の常識を逸脱したことなのだと思い知らされたのでした。

そうした状況に加えて、性格の相当な隔たり、男女ならふつうにある不一致を超えた違いが、子供が成長するにつれて一層はっきりとしてきます。そのことは相手もよくわかっていて、まさに「苦」といえるお互いの忍耐を強いていたことも確かなのです。それは、私自身がモノ書きとして何とかしようと苦闘していた頃にはみえていなかった部分であり、たとえみえたとしてもプラス面が勝ることとでやり過ごしていけたのでしたが……。

あまりの嫉妬に、私のほうが一時音を上げて、せめて形だけでも整えてやれば気持ちもおさまるかと、入籍届なるものを出しに都の役所へ向かったこともありました。が、相手のほうが庁舎を目の前にして突然踵《きびす》を返してしまい、やっぱり考える、と呟きます。私のほうが心ならずの入籍であることに、遠慮かつ不安をおぼえたからでしょう。確かに、相手の心変わりにホッと胸を撫で下ろしたことを憶えています。

ところが、そんな出来事があった頃から、一転して接し方を変えていきます。つまり、今後は子供だけを生き甲斐にする、と明言はしないまでも、私のことは経済的な援助を受けるだけの存在であり、子供の父親としての役割だけは認めるという態度をとり始めます。そして当然ながら、男女の関係としては遠い人になっていくわけです。

おそらく、相手にしてみれば、そうすることが嫉妬というみずからの苦しみから逃れる術《すべ》でもあったのでしょう。のみならず、日常の細部にわたって何かと軋轢《あつれき》を起こしていく過程での話であり、心のなかの何かが切れてしまった結果であったに違いありません。ふつうならここで関係が終わるところ、子供だけはお互いに手放すわけにいかなかったことから、その存在を介してのつき合いは続いていかざるを得なかったのです。

そして、苦労して入れた中・高一貫校を高一で中退させたのは、私の勝手な思惑、つまり息子をゴルフのプロにしようという魂胆からでした。そのことをはじめは憤りながら、その後、オーストラリア（豪州）へとゴルフ修業に出たのに付き従ってゆき、二人三脚の日々を過ごします。その五年ほどの間も、私とは子供を介してのみの関係であることをはっきりと宣言するに等しい、相変わらずの距離を置き続けます。私自身は、息子が現地シドニーの私立高校（ハイスクール）に再入学するときや、大きな試合の応援に駆けつけるくらいのものでしたが、そんなときもホテルは別々にとる、という徹底ぶりであったのです。

そうした状況のなかで、一人の男としての身の置きどころを失っていった私は、これまた浮遊図として描けるほどに再び別の女性へと移っていきます。今度は、アジアをめぐる旅のなかで、時に長く時に短く関わり、そのほとんどは自分の小説その他のモデルやヒントとなった女性たちでした。そうした存在がなければ一行も書けなかったという言い訳は措《お》くとして、全面的にわが身に引き受けねばならなかった業、つまりは二人の女性から解き放たれたことによる、気ままな放埒《ほうらつ》が招いた成り行きであったのです。

不善なる業の連なり

いま、そうした日々を別世界（僧房）から眺めて、何ゆえにそうであったのかと問えば——、以前にも述べたように、当然の自己責任に加えて、やはり公教育や家庭をはじめとする戦後社会という環境も背景にあったと考えてよいはずです。ある種の言い訳、情状として、経済の成長のみをめざす国家社会と同次元の生き方しかできなかったと述べました。それは、私生活上の問題においても同じことがいえると思うのです。

一例をいえば、娘を嫁にやった以上は容易に実家の敷居を跨《また》がせなかった戦前と、そのような仕来たりを崩壊させた戦後との違いが、常識的な結婚観の変貌をもたらしていたこともあったでしょう。そのことが変則的な事態を招く一因ともなったはずなのです。

また、どちらか一方の離婚請求だけでは（別れが）成立しない法制度がもたらす、長い裁判劇（十年や十五年はざら）をいくつも見聞してきたことが、私の個人的な心情に影響を及ぼしていたと改めて思います。そのことが、もう一方の母子の存在にまつわる元妻との関係に不安材料を植えつけ、別離へと向かわせた理由の一部であったのです。二度までの結婚はせず、中立の立場をつらぬいたのも、双方の子供たちとつき合っていく意図とは別に、ドロ沼の争いを招きかねない制度そのものへの疑問があったことも確かでした。

そして、そういう現実とは別に、以前の章でも述べたこと——、つまり、精神性の希薄な心に洞《ほら》を抱えた人間が、次々と招来したむずかしい状況のなかで、とるべき道の選択に迷い、失敗を重ねては後に悔いる、といった不善に染まった業の連なりがみえてきます。抑制のきかない我欲のままの怒りと嫉妬、耐えることをしない努力不足、利他よりはるかに勝る私利など、仏法で「非」としてやまない煩悩に翻弄される日々であったのです。

要するに、「信」を置くべき拠り所とてあやふやな、勝手な考えや感情に振り回されるだけの、まさに（奈良の）伯母が口にした通りのカワイソウな成り行きであったことに、いまは気づいています。

それは、一歩間違えば自滅の危険性をはらむものでした。そもそもモノ書きのような仕事をめざしたこと自体が波乱の幕開けであったと、昔を振り返って思います。

いくつかあった危機の節目に、本当にあきらめて、ふつうの勤め人になっていれば、どれほど人生が穏やかで平安であったことかと、何度思ったか知れません。生きていくことに疲れ果てたと感じたことも一度ならず（とりわけ映画の失敗からタイ移住までの日々には）、いっそ命を終《しま》うことも考えたのでした。が、その度に脳裏に浮かび出たのは、残していくことになる子供たちのことでした。女性たちとはついに上手くいかなかったけれど、その仲を犠牲にしてまで守った双方の子供たちの存在だけは、皮肉なことに私を底で支えてくれるものだったのです。

加えていえば、どうにか自死の試みを免れたのは、このような事態を招いたのは自分のせいだけではないという言い訳、つまりは慰めがあったからだと思います。

人間失格と断じて命を絶つことも潔《いさぎよ》い、言い訳をしない選択肢の一つであったでしょう。が、人は他との関係性のなかでしか生きられない、ゆえにおよそ自分の思い通りにはならない、というのも仏法が教える理《ことわり》です。その意に従って、つまり他の責《せい》も一方にあるとして情状（酌量）を加えることにしたのです。そうしなければ、みずからの心と身体《からだ》は敵対し、終《つい》には正面衝突を起こしていたかもしれません。この業と責任の問題をめぐっては、第三章にて述べたのでしたが……。

ただ、そこでの（やはりというべき）問題は、そういう父親しか持てなかった子供たちがどの程度、人として正しい道を歩めているのか、という難題に行き当たらざるを得ない状況になっていったことでした。人の親であることの責務を十分に果たすことなく、勝手な自我のままに行動してきたことのツケは、後々まで尾を引くものであったのです。

居場所を失って

新世紀を迎えてから五年余り、映画の一件を機に文運がますます傾いていったことはすでに述べています。同時に、みずからの身の置き所（住み処《か》）にさえ困ってしまいます。

それゆえ、またも窮地にあった私を支えてくれる人たちがいたことに、ここでふれておいてもよさそうです。一人は同じ団塊世代の友人で、もう片方は伊豆の親しくしていた一家でした。が、世俗の過酷な現実の前に、前者は没落、後者は故郷を後にしたことで、私の居場所がなくなってしまったのです。

友人は、東京でも有数の地主の長男で会社の社長でもあったのですが、折り悪《あ》しくバブルの真っ最中に父親を亡くしたことから、数十億円という莫大な相続税を抱えて（バブル崩壊後の地価の下落によって）苦境に陥ります。そして終に、彼の母親は豪邸からアパートの一室へ、彼自身はホテル客室の仕事で生計を立てるほかなくなるほどに丸裸となってしまいます。その過程で、私もまた住まわせてもらっていた世田谷（区）のビルの一室から出ていかざるを得なくなります。

さらに続いて、先の一家は、家業のほかに経営していたペンションのひと部屋を提供してくれていたのでしたが、倒産した旅館の連帯保証人であったことから一切の土地と家屋をとられ、遠い異郷へと出ていくことになってしまいます。それやこれやの理不尽な話が、最終的に私が海外へと居を移していく背景にはあったのです。

むろん、そうしたことはあくまで周辺の状況にすぎません。結局は、私自身の力不足から再起ができなかったことに変わりはないわけです。が、その年（二〇〇五年）も最後の月、バンコクへ向けて成田空港を発つときは、自分だけがまさに戦後社会の非情な戦《いくさ》の只中から脱走するかのような気分であったのを憶えています。

そして、タイへ生活の拠点を移した後も引き連れてしまった愚行については、その原因であった私自身の弱点も含めて述べてきた通りです。

その弱点とは、くり返せば、自分の資質と才能に確信が持てず、何としてもこの道でいくという覚悟や信念に欠けていたことであり、そのために行き当たった「壁」を乗り越える努力（精進）ができなかったことを指しています。そして、プロの商売人がやるようなことに手を染める一方、書く作業としてはいくぶんラクなハウツーもので不足を埋めようとして、これまた安直な選択ゆえに上手くいくはずがなかったことも、もっと根深い人間としての欠陥があったからに違いないのです。

愚行の背後に

そうした目先の利だけをみてしまう行為、行動の背後には、本を出すことも不能となり、年金とてないに等しい身をこの先どうするのかという問題がありました。そのことがみずからの才能に対する確信のなさと共に心配性を植えつけていたのだと思います。

加えて、豪州における息子たち、母子の生活が資金不足から立ち行かなくなったという事情もありました。そのため、息子には日本でプロになること（これ自体は渡航前の計画通りでしたが）をすすめます。が、いささか早すぎた決定であり、せっかく入ったスポーツ大学も中退して帰国させたのでした。

しかし、その後の息子は曲折の末に横道へと逸れていきます。帰国後に所属したカントリークラブも次々と変え、終にはゴルフそのものをやめてしまいます。そして、自動車の組立工や機械工場の労働者となっていくといった、思いもかけない成り行きになっていったのです。

親の勝手な欲目から、年端もいかない子供を厳しい勝負の世界へ放り込んだことに、一時は自責の念をおぼえたものでした。が、それでも母親と共に異国で苦労してきた意味を無にしていることを残念に思う気持ちから、もう一度、本来の道に戻してやりたいという焦りのようなものが背中に張り付いてもいました。そのことが、愚かしい副業の試みに手を染めるなどした原因の一部であったことをいまは自覚しています。

もっとも、金さえあれば何とかなるというものではなく、むしろそれとは関係のない要素（精神的なもの）がはるかに重要となる段階にきていたのでしたが……。

そもそも、親が高級車で子供の練習や試合の送り迎えをするのがふつうの高くつくスポーツを息子にやらせたこと自体、身のほどをわきまえない、分不相応というものでした。一時的に羽振りがよかった時代の所産であったわけですが、その勧めには、スポーツ好きだった私自身の資質が関わっていました。

当時、九歳になった息子に短いクラブを握らせてみると、一球も打ち損ねることなく真っ直ぐに飛ばすのをみて、何ごとかを直感したのもそのような自負のせいであったでしょう。ちょうど軽井沢に移り住んだ友人を訪ねたときのことでした。以来、地元のプロにもみてもらいながら本気でやらせることになったのですが、少年野球のピッチャーよりもおもしろいと凝り始めた息子に、自分がやるはずだったものを譲った（親子でやるほどの経済力はなかったことから）という経緯も思い出されます。

ところが、それが案の定の報い、経済的な負担を強いたことも確かでした。そのため、ゴルフが庶民のスポーツとしてある豪州へと向かわせたのでしたが、それも終いには私自身の文運の不調と重なる形で行きづまってしまったことに、無益な悔いばかりをおぼえていたのでした(この辺の事情は第七章にて改めて記します)。

一方、元配偶者の長男も、高校時代に全国大会まで進出して鳴らしたテニス(硬式)で身を立てることを断念した後は、同時期に出会った音楽の道(シンガーソングライター)を志すことになります。これまた険しい道を選んだもので、先の息子といい、このときも父親(私)の資質を感じたものです。私自身もまた、ごく若い頃、歌手やギターリストになろうと試みたことがあるからですが、それもまた青春期の気まぐれな浮遊性の一面でした。

そういう点からも、長男の選択を手放しで喜んだわけではありません。やがて、そのために大学の建築科を四年生で中途退学するという出来事も起こります。ある日、担任の教授から電話があって、父親として本当にそれでいいのかという問いに、本人がそのように決心したのであればやむを得ないでしょう、と応えたのでした。その養育を元妻の側にまかせっきりであった父親には、そもそも何もいう資格がないことも確かでした。

その点、娘たちは、およそ安心していられる存在でした。大学卒業後は実家に戻って地元の公職に就いた長女も、二つ目の大学も無事に卒業して医療現場に職を得た次女も、共に独りでも生きていけるしっかり者です。

それに比して、男どもはそういきません。人生の大事な場面で努力を怠り、安易な道を選んでいるような気がしたのでしたが、まさにそれがために人生に行きづまった私自身を棚に上げた勝手な思いといえたでしょう。みずからの非を措いて子供だけを責めるなら、親子の関係も危うくなってしまいます。

どんな形であれ、息子たちがとりあえずいまを無事に生きていることに最低限の慰めをおぼえるべきでした。その自覚がかろうじてあったことで憂いが絶望や怒りに転じるのを押し留《とど》めていたという気がします。プロの書き手としてひと筋の道をいけなかった父親と同じ過ちだけは犯さないでほしい、といった説教をしたところで効き目もうすいまま、相変わらず実りのない時が流れていたのです。

五年目の出来事

そんな日々を過ごすうち、私の身に一つの出来事が起こります。タイ在住十年の前半部がやがて終わろうという日、たび重ねた愚行にも行き止まりが来たかのように、犬に咬まれるという事件に遭遇したのです。決定的な心境の変化をもたらした大転機、それこそが私に出家修行の意志を植えつけた動機、きっかけであり、少し詳しく描いてみようと思います。

咬まれたのは、新月の日の夕刻、中国正月（春節）の初日である二月十四日（二〇一〇年）

――、チャイナタウンの様子をみにいくためにアパートを出た直後のことでした。場末のカラオケ店が三軒ほど並んでいる小路で、駐車してある車の陰にいた一匹、白い体毛のうす汚れた中型犬が吠え声とともに私の右脚の外側、太腿《ふともも》へ飛びかかったのです。

一瞬にしてズボンの生地が引き裂かれ、刃物で切られたような痛みが走ります。みると、二カ所に牙《きば》の痕《あと》と五センチほどの引っかき傷ができており、鮮血が滲《にじ》み出ていました。

まずは傷を消毒するため、そのままバイタク（モーターサイとも呼ばれる庶民の足）で一分足らずのスーパー・マーケットへ向かいます。そこの薬局を訪ね、犬に咬まれたというと、「つける薬はない、医者へ行きなさい」と、店員は有無をいわせません。が、とりあえず、消毒薬と抗生物質を求め、その場で傷をふき、錠剤を飲みました。

病院へは行かない……。薬局を出て、私は呟きます。咬まれてから、時を経ないうちの決断でした。その間、いろんな思いがめぐったものです。うろたえるな、とまずは自身に命じます。異国では何が起こるかわからない、犬でなくても危険はいくつもある、それがいつどのような形で降りかかろうと、そのときはしかたがない。もう還暦《かんれき》も過ぎて、十分に生きたことだし、もしものことがあればあきらめる……。そんなふうに腹を括《くく》ります。いや、括ったつもりでした。まだ安全な、命がどうなるわけでもない時点では……。

その日は予定通り、ゆっくりとなら歩ける足を運んでチャイナタウンへと向かいます。春節

（ワン・トゥルワット・チン〔タ〕）に訪れるのはその年がはじめてでした。

圧倒された、というのが正直な感想です。ふだんは車で埋まる幹線道路、ヤワラートは立錐の余地もないほどの人、人、人でごった返し、先へ進むのも容易ではありません。ありとあらゆる屋台、露店が建ち並び、その息苦しいほどの臭《にお》いと、二月に入ってにわかに増した暑気と人いきれのゴッタ煮に、ほんの数十分余りで私は音を上げます。なるほど、これが華僑（国籍はタイなので華僑系タイ人とも）という、この国の経済を支配してきた人々の、とてつもないパワー、底力というものかと改めて思い知らされたものでした。

ぐったりと疲れてアパートの玄関へ、モーターサイで到着すると、新築のコンドミニアムへ引っ越したばかりのアメリカ人の友人S（ある個人的な事情からタイに住みついている医者）が何かの用でフロントに立ち寄っていました。私が咬まれた痕をみせると、にわかに表情を曇らせます。いつだと問われ、つい数時間前、と返すと、いまからでも間に合う、病院へ行け、と命じます。一緒に行ってやる、とまでいうのへ、私は、ノー、と首を横に振ります。

〝注射《ショット》で防げるものを、どうして行かないのか？〟

呆れたように肩をすくめたものでした。後に日本へ一時帰国して、もう注射を打ってもとうに手遅れであった頃、〝今年に入ってバンコク都内だけで九名の死亡（例年の倍の速さ）、君は大丈夫か〟と、メールをよこしたのでしたが……。

その後、種々の解説を目にして、実に恐ろしい病であることがわかってきます。* 発症すると、確実に死亡することはわかっていても、たった四、五日で何とも惨めな死に方をすることなど、咬まれた時点ではシカと認識していませんでした。病を甘くみたそのことも、病院へ行かなかった理由の一つでした。

死と直面した日

咬まれてから、八週間と少しの時が経っていました。

一時帰国していた四月半ばのその日は、例年になく寒い、まさに花冷えの候で、日時を正確に記せば、十三日午後十一時頃——。三日後にはまたバンコクへ戻る予定で、何かとせわしない一日が終わろうとしていました。

ベッドに入り、今日は疲れたと呟いて眠りにつこうとした、そのとき、右脚の太腿に閃光のような痛みが走ったのです。その部位が間違いなく犬に咬まれた痕《あと》であるとわかったとき、私の頭は真っ白になります。顔面から血の気が引いていき、胸の奥に異様な痛みをおぼえたものです。

咬まれた部位から放射する神経痛のような怠《だる》い痛み——。

これが発症初期の症状であることは、頭に入っていました。まさにその通りであったことから、一瞬にして疑いがひろがります。しかも、咬まれた日から数えて八週間と数日が経過して、出るならそろそろ、という時期に当たっていたのです。

寝てはいられず、起き上がってベッドに腰かけると、痛みはさらに増していきます。手のひらで膝頭をつかみ、無言でうなだれました。背中や額に汗が滲み出て、初期症状の一つ、発汗を伴う、とも合致します。

あと四、五日で死ぬ。必ず、死ぬ……。そう呟いた瞬間、これまでの覚悟が吹っ飛びます。もしものときは運命だと思ってあきらめる、もう十分に生きたことだし……、そんなふうに考えたことなど、きれいに消し飛んでしまったのです。

生まれてはじめて直面する死。それも猶予はわずかな日数しかないことに、無益な後悔が始まります。なぜ病院へ行かなかったのか、あれほどSが勧めたにもかかわらず……。

余命わずかを宣告されると、どういう心境になるのか、私にはまったくわかっていませんでした。愚かだったとみずからを罵る声と吐息がふつうではなく、買い置いてあった酒にすがり

＊狂犬病——ラブドウィルスによる犬の伝染病。ウィルスは筋肉細胞内で増殖し、中枢神経（脊髄交感神経から脳幹）に達し、嚥下困難、知覚異常、さらには四肢の麻痺、意識混濁を生じさせ、最後は呼吸困難となって窒息死する。発症すると、四、五日で死亡する。光、音などの刺激で咽頭や胸の筋肉に激痛を生じさせ、水をみるだけで嚥下筋のケイレン（延髄の嚥下中枢への異常反射亢進による）を起こすことから、「恐水病」とも呼ばれる。

つき、一口ごと、人が絶望すると出る息、奇怪な息が喉を鳴らして止《や》みません。

まず、死に場所を決めねばならない。そう考えて、これはすぐに答えが出ます。最後の興奮期には、奇声を発しながら街路を迷走することもある……。解説にあったことが頭に浮かび出て、そんな狂い死にはしたくないという願い、それが一刻も早い出国を決意させました。向こうへ行けば、たくさんの症例でわかっているため、きっと楽に死なせてもらえる……。

渡航予定は、三日後。明日、明後日で、身体がどうなっているか。悪化していれば、空港まで足を運ぶことができなくなる。それは困る、と思ったものです。まだ動けるうちに、バンコクへ戻らねばならない。明日はムリでも、明後日なら何とかなる。とにかく、這ってでも成田へ行かねばならぬ、と。

次に、没した後のことを考えます。むろん、いずこかの火葬場で焼いてもらい、遺骨は故郷へ戻る部分の他はタイの慣習に従って河へと流してもらう。さらには、現地の部屋の片付け、後始末をしてもらわねばならない。そうした手配、手続きは誰にしてもらうのか？

その間にも痛みは引くことなく、大腿や膝頭に疼《うず》くような重い痛みが走ります。もはや一片の疑いも差しはさむ余地がなくなっていました。舌打ちと溜息と、皆に謝るだけの時が過ぎていきます。すでに深夜、午前一時になろうとする頃、後始末はＦにまかせる、と決定します。

かつてインドシナ難民の救済活動を共にして以来の友人で（第一章に既出）、わが身の始末をしてくれるのは彼をおいていない。朝になったら電話を入れて相談しなければ……。

次に頭に浮かんだのは、遺書を書くことでした。残された時間でそれをやる。いずれ時がくれば、やらねばならないと思ってはいたものの、これほど急だとは考えてもみないことで、とても万全を期すわけにはいかないことが恨めしいかぎりです。

他にも、やらねばならないことがいくらもありました。散らかった部屋（一時帰国の折りは空家の知人宅に居住）を見渡せば、この後始末も誰かがやらねばならない。それもこれも周りには迷惑なことで、申し訳ない気持ちがふくらむばかりです。

したためた詫び状

やっと眠気が訪れたのは、午前三時過ぎ。酔いに全身が麻痺して何も考えられなくなったせいか、まずまずの眠りでした。が、目が覚めると同時に、またも痛みが走ります。今度は前より重く、筋肉の奥まで、大腿の付け根から腰にかけても鈍痛が這い上がってきます。

再びの絶望感に見舞われながら、とにかくFに電話を入れました。かれこれしかじかで、発症したようだというと、いったんは驚いて、まさか、と返します。彼がインドで（慈善活動の最中に）犬に咬まれたときは、その直後から傷口が腫れ上がったそうで、犬は間もなく死んだといいます。つまり、咬まれたのはその犬が発症したためでした。発症すれば、まさに狂って誰彼となく咬みつくという症状が出るからです。

しかし、咬んだ犬が発症していたのかどうかは別にして、ウィルスを移されたのなら一般的には一カ月から三カ月ほどの潜伏期間を経て発症する可能性がある。ために、これは間違いないと思う、と私は反論します。で、どうするのかと問うので、明日、予定を一日繰《く》り上げてバンコクへ向かおうと思うが、一緒に来てもらえないだろうかと願い出ます。一緒に行って、後始末をしてほしい、と。加えて、これから遺書を書くので、その履行をお願いしたい、と。

私が本気であることは、その声音から察したのでしょう、わかった、と彼は返します。女房が帰ってきたら相談してみる、行く準備だけはしておく、と。

電話を終えた後、記し始めた文言は、まさに「詫び状」でした。父親らしいことは何もしてやれなかったことを子供たちに詫び、それぞれの道をしっかり生きるようにという達し。何の恩返しもできずに逝くことを詫びる人や、もろもろ感謝して先に逝くことを詫びる人への言葉。それもこれも、ごめんなさい、ばかりであることに驚きを禁じ得ません。

やっと書き上げたのは、その日の夜。読み返しているうち、Ｆから電話がありました。バンコクへ同行することについては、奥方の了解が得られたといいます。が、実のところ、彼には大事な用事（講演会）が数日後に控えており、それをキャンセルしてこちらを優先させることについては、いささかの迷いがありました。

小一時間後、再びの電話です。先方にキャンセルの了承を得ようとしたところ、すでに大勢に通知を出して準備が整っているというので困っているといいます。それを拒んでバンコク行きを強行することについて、私も無理はいえません。現地へ行けば、入院の手配くらいは誰かがしてくれるだろうし、その後、もし没したときは必ず渡航して始末を引き受けるというFに、そのように願いたいと告げ、単独で発つことにしたのでした。

症状の真相

機内食が運ばれてきて、みずからに食欲を問います。食べられる、水を飲んでも喉を通ってくれる……。そのことにはじめて少し安堵しながら、食後にトイレへ立つと、突然、咳が胸の異物を吐き出します。それをみて、ふと身内に灯がともったような心地がしたのは、身に覚えのある症状であったからです。咳と痰……。

そういえば、東京での滞在中は寒い日が続いたもので、四月に入ってからも真冬が戻ってきたかのようでした。加えて、関節や神経にくる風邪ではないかというFの意見も思い出されて、不意の望みを抱いたのです。

機がスワンナプーム国際空港に着陸したとき、たっぷりと咳をして痰を出したせいか、身体がいくぶん軽くなったようにも感じます。おそらく明日が分かれ目、朝になっても足を運べたなら、さらに希望がみえてくる……。生きていたい、もうしばらくは何とか……と、無事アパートに着いてからも、くり返し呟いたものでした。

症状の原因を知るため、次の日には病院へと向かいます。いま頃になって呆れたものだとわが身を笑いながら、有名病院の邦人専用窓口へ、風邪を理由に診察を申し込んだのでした。

それからは、数カ月を費やして、各科を渡り歩きます。内科では、私を咬んだ犬がまだ生きている（発症したのであればすでに死んでいる）ことから、大丈夫の診断が下されます。整形外科では、レントゲン写真から脊椎に潤滑を欠いている部分があり、それが脚につながる神経を圧迫している可能性がある、との診断が下されます。が、どの医師にも絶対の自信はなく、続いて紹介された感染症科でやっと、通訳を介して納得のいく説明が得られたのでした。

曰く――、発症した犬は、ウィルスが唾液内に混入しており、それが咬み傷から入り込むのですが、たとえウィルスのキャリアでもまだ発症しない段階（不顕性感染）では、人が咬まれても感染力は弱い。つまり、人間は犬や猫よりラブドウィルスに対する感受性が低いため、ほとんど感染しないといってよいかと思います。ただ、知っておかねばならないのは、狂犬病のウィルスは筋肉細胞内に潜んでいるため、そのキャリアになったかどうかは医学的にチェックすることができないということです。だから咬まれたら、とにかくワクチンを打ち始めるほかはない。それも即座に、迷うことなく打たねばなりません。脚の痛みは、整形外科での診断通り、脊椎から来ている。もうあなたは若くない。身体の方々に故障が生じる歳になったということです……。

そのときにおぼえた嬉しさと感謝の念は、とても言葉で表すことができません。また生かされたのだと思うと、帰路、街の景色までがこれまでとは違って、夕刻なのに妙に輝いてみえたものです。

暴かれた正体とは

それにしても……と、みずからに問いたくなることがありました。発症の兆候をみたときの、あの心の錯乱状態はいったい何だったのか、と。

思えば、みっともない取り乱しようでした。死を目の前にして、無様《ぶざま》にうろたえた姿は譬《たと》えようもなく哀れで、救いようのないものとして記憶されています。予期しない間近の死を宣告されることがこうまで怖いものだとは知らず、また、これほど救いがたく我とわが身を砕き、愚かにするものだとは、すべてが想像の外でした。

病院へは行かないと決めたときの、無知からくる独りよがりの楽観、浮ついた情緒的なだけの生死に関する思い――。いつでも死ぬ覚悟ができているかのような口をきいていた、罪ともいえる妄言、いざとなると掌《てのひら》を返すような生への執着――。それらが一瞬にして暴かれてしまったことの驚きは、そう簡単に消せるものではありません。

それは、みずからの命すら粗末に扱っていたことの証しでした。「生」の意味もありがたさもわからずにいた身は、むろん「死」なるものともまともに向き合えるはずがありません。考えついたことといえば、安楽死という我欲の現れ、臆病風であり、情けないにもほどがある浅はかさでした。

けだし、人がまっとうに生きていくための心の支柱、拠り所となく、薄っぺらな精神のまま齢を重ねてきた人間であることを、一つの体験がはっきりと暴露してしまったのです。

アパートの裏手、路傍のコーヒー屋の客になってから、さほど時を経ない頃のことだったと記憶しています。在留を始めて五年目、僧と人々の布施風景を眺めながら、来し方への追憶とともに、暴き出されたみずからの正体について、つらつら思いをめぐらせたものでした。

この先、もう少し違った生き方を考えていかなければ、父親としての資格はおろか、モノを書いてもいいものができないまま、いっそうの寂寥《せきりょう》と加齢のうちに朽ちていくだけだという、焦りと危機感に迫られます。つまり、このままでは、先々の老い、ましてや死と向き合うことができないばかりか、これまでの人生の失敗や過ちをつぐなう術も救いも見出せない、という思いが居座ります。それをどうにかする術があるとすれば、「修行」のようなものしかないだろう、と考えていました。

修行とは出家すること、と答えは明快でした。毎朝のように目にする路傍の光景が、出直しを考える私にそれを告げていたのです。長年の愚行と堕落に終止符を打つかのような出来事が野犬によってもたらされたことは、タイという国に移り住んだ私の、これも縁起図といえるものでした。もっとも、それを実際の行動に移すまでには、なお相当な時間が必要であったのですが……。

はじめのほう（第一章）で、タイ人の友人に出家の相談をもちかけながら決断を先送りしたことにはふれました。その辺の詳細については次々章（第七章）に記します。

第六章 僧生活の心得と説教

――タイ仏教の出家式㈢

「四依」にみる原則

出家式は先ほど（第四章）、「沈黙」という出席比丘《びく》（僧）全員の了解によって、私に具足戒《ぐそくかい》（二二七戒条）が授けられたところでした。その後、戒和尚《かいわじょう》によって僧生活の心得、すなわち「四依《しい》」と「四堕（パーラージカ法〈四条〉）」なるものが説かれる、と記しています。このうち、四堕についてはすでに（第四章にて）述べているため、ここでは四依について（従って式次第の順序は逆になりますが）説明することにします。

「四依」（チャッターロ・ニッサヤ〈パ〉）とは、僧生活の基本としての「食・衣・住・薬」、四つの依《よ》り所のことです。古代インドの時代、釈尊が具足戒を受けた者に教え諭すべきものとして定めた四項目です。

托鉢食

一つ目は「食」で、それを托鉢《たくはつ》に出て得ることが原則です。戒和尚は、このように述べます。

〝出家生活は、托鉢食によるものです。これについては、あなたの命が尽きるまで〈タイでは「僧籍にある以上」の意〉努力しなければなりません（ピンディヤーローパボーチャナム　ニッサーヤ　パッパチャー　タッター　テ　ヤーワチーワン　ウッサーホ　カラニーヨ）〟

食こそは、与えられるものしか我ものにできない掟の最も重要な部分といえます。托鉢食の他には、余得（アティレカ・ラーパ〔パ〕）として、サンガに与えられた食べ物、在家から招待されて受ける食べ物など、いくつかの例外が示されます。

私の場合、前にも述べた通り、みずからの来し方を回顧したのが僧の托鉢風景を日々眺めていたためであることから、それを始めることには格別な思いがありました。出家後、数カ月ほど休みなく続け、ついに疲労がたまって寝込むことにもなったのですが、托鉢に出ることが確かに一つの修行といえる理由がみえた気がしたものです。人々から布施を受けるということは、それに値する者なのか、ふさわしい僧であるのかどうかが常に問われることになるからです。

布施は恭敬して受けるべし、という二二七戒条にもある章句の意味は、わが身を律する覚悟をすべし、と同義であり、施しのありがたさに報いる術《すべ》もそれしかありません。

糞掃衣

次は、身につけるべき「衣」について——。

〝出家生活は糞掃衣《ふんぞうえ》によるものです。これについては、あなたの命が尽きるまで努力すべきです（パンスクーラ　チーワラン　ニッサーヤ　パッパチャー　タッタ　テ　ヤーワチーワン　ウッサーホ　カラニーヨ）〟

糞掃衣（パンスクラ・チーワラ〔パ〕）とは、誰のものでもなくなった襤褸《ぼろ》布でもって作られた衣のことです。これは、例えばガンジスの河辺など火葬の儀が執り行われている場所とか、あるいはゴミ捨て場や墓場などに遺棄《いき》されている布のことです。

また、これは〝死者の衣（パンスクラ〔パ〕）〟とも呼ばれるように、死人が葬られる前にその身体から剝がされた衣のことで、僧はそれをもらって洗い、乾かした後、縫い合わせてチーウォン（外衣）にしたといいます。いずれにしても、そういったものを材料にして衣を作れ、といっているわけです。

ずいぶんな話のようですが、衣を身につけることを許しているだけ、まだしも寛容といえます。いまも相当な信者がいるジャイナ教の一派は、ほぼ完璧な裸体で過ごします。それと同じ時期に興った（原始）仏教では、衣くらいはまとってよろしい、けれども、それはこういうもので十分、それ以上は必要ない、と無所有が原則の修行僧の心得として諭しているのです。

この衣については、現代のサンガにおいてはむろん形を変えており、しっかりと織られた黄系色（濃淡あり）、もしくは褐色の布で作られた三衣《さんえ》（パー・トライ〔タ〕）であり、私のところは鮮やかな柿色（黄赤）です。衣の色は、各寺院が自由に（住職の好みや僧の多数決によって）選べることになっています。ただ、とくに瞑想を本領とする寺院（森林寺院など）はおおむね茶系のものを選んでいるようです。

着替えのものと合わせて二着のセットを持つことが許されています。それらを交互に洗濯しながら、破れてもつぎはぎをして、糞掃衣の文字通り、襤褸になるまで着ている老僧もめずらしくありません。その意味でも原始仏教の精神*は生きているといえます。

住は樹下

三つ目は、「住」についての教戒です。曰く——

〝出家生活は、樹下の起居所に依るものです。これについては、あなたの命が尽きるまで努力すべきです（ルッカムーラセーナーサナン　ニッサーヤ　パッパチャー　タッタ　テ　ヤーワチーワン　ウッサーホ　カラニーヨ）〟

樹下の住まいとは文字通り、そこを寝起きの場所（セーナーサナ〔パ〕）とすべき、というものです。出家者は、人里はなれた山中や森の中などに寝床を求めるのが釈尊の時代からの基本でした。実際、出家とは元来、家を出るだけでなく、家ナシとなることです。テーラワーダ僧の場合、ひと昔前は常の住み処（所属の寺院）がなく、各所を渡り歩くのがふつうの姿でした。その際、

＊原始仏教の精神——例えば、マハー・カッサパ（大迦葉《だいかしょう》）という、釈尊の後を継いだ比丘（大長老）は、この「四依」を完璧に守り通した人として知られる。食は托鉢で得たものを一日一食、住は樹下とし、衣は釈尊からもらったものを襤褸になるまで着つづけ、在家からのどんな申し出もすべて排したといわれる。第一回の「結集《けつじゅう》」（既述）を主導して、釈尊の定めた法、戒律に一切の変更を加えない方針を貫いた。

托鉢用の鉢《はち》や日常品の入っている頭陀袋（ヤーム〔タ〕）のほかに、寝具である「クロット〔タ〕」という雨傘状のものを携えて歩くのが習慣（これは現在も残存）です。それが要するに、樹下で寝るための道具であり、木の枝などに引っかけて開くと、傘の周りから布が地面まで垂れ落ちて、身を守れるようになっています。

僧はいまも長旅に出るときは、宿には泊まらないのが原則であるため、それ（クロット）を野宿の備えとしています。が、旅の途上に寺院があれば、僧房に部屋があるかぎり（食事なども含めて無料で）泊めてもらうのが通例です。これまた、原始仏教の精神をそのまま継いでいるといえます。

現在タイ国では、すべての僧は所属の寺院を持たねばならず（既述）、修行期間であるパンサー期はむろん、その他の時期でも寺の僧房（クティ〔パ〕）を住み処としています。従って、クロットなる寝具は持っているものの、それを活用することはずいぶん少なくなったといいます。とはいえ、パンサー期以外は比較的自由に旅ができ、ときには長く留守にする僧もいます。

また、食や衣と同様、住についても、その身を守るためのもの、安全を得るに足るもの、つまり最低限の必要性を満たせばよい、としています。これは、現代では寺院によってさまざまであり、森林のなかの粗末な高床式の小屋があれば、立派な建築でもって僧の房（共有も含め）が並んでいるところもあります。私のいる寺の場合は、老朽化しているとはいえ、石造りの頑丈な造り（三階建て）で、二階と三階にベランダ風の外廊下に沿って個室が並んでいます。

薬は牛の尿

四依の最後は、「薬」です。

〝出家生活は、陳棄《ちんき》薬《やく》によるものです。これについては、あなたの命が尽きるまで努力すべきです（プーティムッタペサッチャン　ニッサーヤ　パッパチャー　タッタ　テ　ヤーワチーワン　ウッサーホ　カラニーヨ）〟

薬を摂《と》ることが僧生活の心得として置かれるのは、病を逃れて健康に過ごすことが修行のための必須の条件であるためです。これは、古代インドでは、陳棄薬（プーティムッタペサッチャ〔パ〕）といい、牛の尿に木の実や塩を入れ、長く漬けておいて作るものらしく、出家生活はこれに依るものである、としています。

これも衣（糞掃衣）と同じく、いまでは使用されておらず、ふつうの化学薬品がそれに代わって在家から献上される品としてあり、朝の托鉢でもしばしばいただきます。

総じていえば、日常生活における衣・食・住・薬にはとりわけ、在家者的な美装や美味への欲求もしくは享楽的なものを宿さないこ

クロットで野宿する僧

とが求められます。あれこれと欲しいものを求めるといった、いわゆる「煩悩」の路に入りこみ、出家者としての正しい修道の妨げにならないよう、常に省みること、「省察（パッチャウェーカナ〔パーリ〕）」が不可欠とされているのです。

そうした生活を始めてみると、貧しい暮らしであるとしていた過去の日々がいかに贅沢であったかという、いささかショックな認識を強いられたものです。貧乏だといっても酒は欠かさず飲んでいたし、ポロシャツは買うたびに着ることもないものが増えていったし、たまには女性のいる盛り場にも出かけて酔いしれていたし、それもこれもみずからを律する姿勢からはほど遠い、むろん修行とは無縁のものであったことに改めて気づかされたのでした。

そういう面からも、いつかは行きづまり落ちていくのは当然のことだったと、その他も含めて追憶のままにくり返し思い、悔いたものです。それをどうにか救ってくれていたのが、先にも述べた朝の托鉢であったのです。

午前六時過ぎから始まるそれは、いわば懺悔《ざんげ》を伴う日課であり、汚れた身を洗うような心地すらしたものです。その往復二キロ余りの歩きのことは、いつかの機会に詳細を記してみようと思います。

次章では、再び出家前に戻り、思いがけない展開をみせた経緯《いきさつ》について記します。

第七章

俗世を捨てる決心

俗世の心残りから

いずれ出家したいとの意志は、私のなかで日を追うごとにはっきりとしていきます。が、思いのままにというわけにはやはりいきません。俗世に置いていくことになる心残りをどうにかしたいのと、整理しておかねばならない事々があったのです。

無駄と知った副業を断ち切り、テーラワーダ仏教についての知識をふやすなど、必要なことを整えていきます。その一方で、アパートのオーナーの子息に日本語を教えることも個人教授として破格の条件であり、経済的に助かることもあって引き受けます。これは亡くなった女主人の、そうしてほしいとの遺言であったらしく、二人姉弟《きょうだい》の姉からの要請でした。

そうして、いずれは出家することに決めてみると、心残りの一つとして、ある思いがひろがって実際の行動をもたらします。それは、俗世の日々に果てをみたことから、子供の頃にあこがれたスポーツの世界へ、最後の挑戦をしてみたい、という突拍子もない考えでした。出家してしまえば、舞踊や音楽における演奏と同じく競技はできなくなる、観戦は禁ではないけれどプレーはできない（享楽的なものに興じるのはご法度）、という「戒」があることは知っていました。

その頃、電子雑誌に書いたハウツーものの雑文や手遊《てすさ》びの物語がやっと売れたり、昔の小説が文庫になったりしたことで、その挑戦が可能となったのでした。売れたといっても、それでもって文運が上向くといった話ではなかったことから、今度はみずから覚悟して横道に逸れる、と決めたのです。

しかし、何しろ六十を過ぎてからの運動は、それ自体が容易ではありません。五十歳から可能なシニアの領域へ、すでに十年以上も入りこんでからのスタートゆえ、本気でプロになろうというのはお笑い草ではあります。とはいえ、そのつもりでやらなければ意味がない、という考えもあって、まさにモノ書きの駆け出しの頃に戻ったようなゴルフ修業が始まったのです。

コーヒー屋でいつもの朝（これだけは欠かさず）を過ごした後は、練習場まで片道四十分、バスなどには乗らず、クラブ（ハーフ・六本ほど）を肩に歩き、一日四、五時間を昼の休憩を挟んで過ごします。球一箱（四十球）の値段が日本の五分の一程度であることが、ほぼ毎日の通いを可能にしてくれる条件でした。復路もむろん歩きで、アパートに帰ってくると、ぐったりと疲れた身体はむしろすがすがしいものであったのです。

そうして、まずは三年余り、たまにコースに出て練習の効果をみる、ということのくり返しを続けます。十カ月後には醜い腹の出っ張りがとれたことも励みとなって、それまではたまに吸っていたタバコ（安物のタイ葉巻）もきれいさっぱりやめてしまいます。一年を過ぎた頃からは、私と同年輩のレッスンプロ氏が主宰するバンコク都内の教室でたまにみてもらい、それやこれやの書をひもとき、週に三度は近場のフィットネス・クラブで足腰の力をつけながら、目標に近づくためにできるだけのことをやっていきます。

タイのシニア・プロテスト*の合格ラインは二日間の平均ストロークが80（8オーバー）であり、十分に射程内にあるはずでした。ために四年目は、都心に近いゴルフ場のそば、クラブハウスから歩いて十分のところに安アパートの一室を借り、そこを根城に自然芝から打てる練習場やグリーン（バンカー付き）へと通います。コースに出られるのはやはり一カ月に二、三回程度（これは現地月刊誌に連載が始まったゴルフ・コース取材を兼ね）でしたが、いずこもキャディとマン・ツー・マンで、一人でもまわしてくれる大らかさが独り修業には好都合でした。

その頃には、市場で買い揃えた本来の左利き用のクラブにも馴れ、両刀使いができるまでになっていたのです。以前、潤滑を欠くと（狂犬病ニセ発症時に）診断された腰の骨も、温かい気候のおかげか、運動を始めてからは痛む気配もなく、しかし片寄りはいけないので左右対称を心がけたのでした。

最後に父親として

思い返せば、中学時代はテニス（軟式）でサウスポーの後衛として二度の優勝を果たしているし、高校では体操に転じ、週に二日しか許されない部活にしてはよくやったほうで、スポーツの才能だけはある、という妙な思いもありました。ゆえに、やり方次第で、はるか昔のベスト・スコア88（以来ほとんどやっていなかったのですが）からでも何とかなるという自信があったのです。

加えて、私の背中を押す一因となったのは、やはり横道に逸れている息子のことでした。ゴルフ修業にやった豪州、シドニーでのハイスクール時代はずいぶんとアマチュアで活躍し、十八歳で地区予選での優勝から豪州オープンにも出場したときは、私自身の華が戻ってきたような心地がしたものです。後には彼の地のプロ・テストにも合格して全豪のチャンピオン・シップ（ツアー）も経験しながら、帰国後の心境の転変から横道に逸れてしまうといったこと（第五章に既述）は、やはり残念というほかないものでした。

以降、工場労働者から長距離トラックの運転手にもなっていくといった状況は相変わらずで、そのことも私の心残りであり、それを置いて出家するわけにはいかなかったのです。父親として最後に何ができるのかを考えたとき、齢六十を過ぎて、かつて息子に譲ったスポーツを、それもプロをめざしてやっている姿をみせるしかない、というのでしょうか。もはや並みの説教

＊タイのシニア・プロテスト——五十歳以上の国内外人を対象に、年に三〜四回、二日間にわたって催される。テストに合格すれば、ビール会社などが賞金を出すツアーに参戦できる。高齢者に寛容なタイらしく、外国人はパスポートのみで参戦が可能という門戸の広さを有する。

では聞かない息子の改心を促す術《すべ》はそれしかない、と判断したのでした。

横道に逸れた原因というのも数あって、私の縁故から所属させたクラブで酒やタバコをおぼえ、さらにギャンブルに手を染めたこともそうでしたが、何よりの因は、やはり父母の仲が冷えたままの状態であったことでしょう。それはいまに始まったわけではないにしろ、思春期の、これからという時機に、家族としてのまとまり、結束がないことの影響は何よりも大きなものであったはずなのです。

受かるはずだった帰国後のクォリファイングトーナメント（日本ゴルフツアー機構〈JGTO〉の本戦出場資格を競う大会）を三次でわざと失敗して落ちるなど、本人の精神的な迷い、不安定さもそこから来るものであったことは疑いようもありません。親にはいえないことも他人には口にしていたようで、それによれば、やはりみずからの生まれ育ちについて一種のひねくれを抱いていて、そのことが定まった道を行けない一因となっていたようなのです。

むろん、それがただ一つの因ではなく、このまま世間を知らないゴルファーとして生きていくことに疑問を感じていたというのも、後になって私にもらしたことでした。

子供というのは、親も気づかないような悩みを抱えているものだということを、そのとき思い知らされたのでしたが、それはむしろ自然なことだと考えたほうがよいという気がします。

子供はある程度まで成長すると、もはや親の手の届きがたい、独立した一個の存在になっていることの証しでもあるでしょう。親からみれば理解に苦しむ行動も子供なりの理由があってのことで、それをとやかくいったり、憤ったりするのは意味のないことのように思えてくるのでしたが……。

もはや私の領域外である母親のほうはといえば、異国で息子のキャディまでやって頑張った甲斐もなく、東京に戻って一人きりの困窮生活を余儀なくされていきます。そして、道を逸れた息子の変節に心痛のあまりか、重い乳ガン（左右ともに全摘する）を患い、闘病の日々を過ごすことになってしまいます。それでも私の援助などは一切求めず、相変わらずの距離を保ったのでしたが、二度までの結婚はせずに中立の立場を通した私としては、やはりある程度の責任を感じないではいられません。

何がどうであれ、苦節の時代、いっぱしの文学賞に届くまでのある時期を精神的に支えてくれた母子であるだけに、そうした成り行きには荷を引きずるような思いをしてきたのでした。

その頃、元配偶者のほうの息子は、大学を中退してまでめざしたシンガーソングライターの道で芽を出してくれていました。ライブを催したりCDなども作り始めていたことから、ひとまず安堵していられたのですが、姓の違う息子のほうは一筋縄ではいかなかったのです。

そんな日々のなか、唯一望みを繋《つな》げたのは、そういう息子でもかつての仲間との交流を途絶えさせたのではない、ということでした。かつてアマで競ったオーストラリア人が早々と日本ツアーで優勝を飾ったときは、さすがに何かを感じたようで、当時を懐かしんだりもしたものです。また、豪州で一緒にプロ・ツアーをまわって、いまはPGA（日本プロゴルフ協会）プロになっている友人とは連絡を取り合っていることから、ゴルフなるものと縁を切ったわけではなく、いずれは何らかの形で関わりを持つつもりではあるようでしたが……。

命運が転じた日

俗世における心残りは、息子の存在とセットになっていることが明らかでした。確かに自分自身の、スポーツ好きだった少年時代からの夢に最後の挑戦をしてみたい、ということもある一方で、道に迷った息子を本来の姿に戻してやりたいという思いが自分の目標とはまた別にあったことも先に述べた通りです。

修業を始めて四年余りが経つ頃——、自然芝での練習の成果は最初の挑戦を可能にするほどのもので、あとは雨が降らない季節（寒季）を待って日程を決めるだけとなっていました。ただ、外国人の場合はエントリー費がタイ人の三倍と高く、テスト（二日間）に必要な旅費を含めると、手持ちの資金ではそう度々受けるわけにもいきません。ために、できれば一発合格ですませたい、という考えでした。

ところが、ある日のこと——、何回か日を置いてインターネットで自分の有り金をチェックしたとき、口座からごっそりとほぼ全額が引き抜かれていることに気づきます。むろん、自身が使った憶えなどはない、にもかかわらず、何回か日を置いて相当額の金が引き出されているのです。

誰かがネットを操作して盗《や》ったのだと直感したとき、目がくらむほどの衝撃を受けたものでした。やがて来る挑戦の日のためにとっておいた、実に虎の子といってよい金が消えていたのです。あとにはまさに端金《はしたがね》しか残っていない、いわば身ぐるみ剝がれたような心地というのでしょうか。

犯人の予測がついたのは、私のクレジットカードを使って引き抜いた跡があるためで、それができる立場の者を探ってみると、息子しかいないとわかってきます。期限が来て新しいカードに切り替えられたとき、私の田舎（本籍地）に送られてきたそれを受け取ったのは息子でした。すぐに国際便でタイへ送るようにいえばよかったものを、急いで使うものではないから保管しておいてくれといったのが間違いでした。パソコンを巧みに操作して、田舎家で始めていたパター造りの資金にすべく引き出した、という次第だったのです。

実はその頃、やっと逸れていた横道から、本来の道とはいえないまでも、工作機械の工場での経験や独学でもって、いわゆる手造りパターの製作を始めていました。そのための場所として、（父母亡き後は）空家となっていた、機械音が周りの迷惑にならない私の実家を提供していたのです。

かつて一度も満足のいくパターに出合ったためしがないことから発想したらしく、幼い頃からの絵心が生かされたのでしょう。鉄の塊《かたまり》から削って仕上げた最初のモデルを一本、私のために贈ってくれていたこともあって、あまり強いこともいえません。

ただ、この父にしてこの子あり、とそのときばかりは骨身に沁みて感じたものです。いつぞやは、息子曰く――、（父は）子供の頃からゴルフの技術的なことにはうるさかったけれど、精神面のことについては話したことがなかった。……そう何気なしに口にしたことがあったのですが、まさに痛いところを突かれた心地がしたことを思い出します。

確かに、私のような者はそれまでの生き方からして、しかるべき精神性を子供に施すことができる父親ではなかったのです。為《ため》になる人生訓の一つも与えられず、正しい人の道を説くこともできないまま、欲にかられた夢だけをみていた、そのことが最後の大事な場面でシッペ返しをしてきた、ということなのです。

実際、そのような自覚がなければ、残念なだけの話になっていたでしょう。いったんは狼狽して咎《とが》めてはみたものの、冷静になってみれば、ただ怒ってすむ話でもありません。こういう成り行きもまた、少なからずは親の責任であることが改めてわかってきます。私自身の資質、浮遊性ともそっくりであり、さらには育て方に障害をもたらした分裂家族であることを含めてみれば、父親の金をネットで手軽に失敬するくらいのことは考えられる範囲の行為というべきでした。

いずれにしろ、起こってしまったことはしかたがありません。これでもうプロ・テストにも挑戦できなくなったことを息子に告げると、本当にお金がなかったんだね、と返してきたものです。父親がこれしきの金しか持っていないとはさすがに思っていなかったらしく、その事実に驚き呆れたのも無理からぬことでした。かつてはあれほど気前よく資金を出してくれた父親が、まさかここまで……、といった気持ちであったようなのです。

出家の決断へ

かくして、私の計画は最後にきて頓挫します。今度こそは参ったというほかなく、むろんゴルフ場そばの一室は引き払い、そのときに戻ってきた一カ月分の敷金をありがたく思ったくらい、まさにスッカラカンになってしまったのです。その直前には、有名なコースも含めて順調に連載していた現地月刊誌が（数カ月分の原稿料も未払いのまま）廃刊となってしまったことも痛手となって、もはや万事休す、現実的にあきらめざるを得なくなったのでした。

幸いにして、アパートのオーナーの息子が忙しい勤めのなか、週末だけの日本語学習を続けてくれていました。お蔭で、どうにか飢えることは免れたのでしたが、また元通りの生活に戻ってみると、かねてより考えていたことがにわかに浮上してきます。むろん、それまで忘れていたわけではなく、最後の試みによい結果が出なければ、そのときは僧姿になる決断をするつもりでいたのです。

まさかこのような形で終わるとは思いもよらなかったとはいえ、その終息は、かつての失われた歳月とは違い、大いに取り柄のあるものでした。挑戦が果たせなかったことは残念だけれど、この歳になってもその気になればまだやれるという、一つ事に全力をつくしたことの充足感のようなものが身内に残ったことも確かなのです。

身体は若い頃の形に戻っているし、機会があれば本が書けるほどの材料も得たし、四年余りの歳月は、昔の苦節の時代が蘇ったといえるほどであったかもしれません。俗世の最後に、やっと自分の納得のいく十分な時間を過ごせたことで、踏ん切りだけはしっかりとついたのでした。

この辺のことは息子にも伝えたのでしたが、さすがに父親に申し訳ないことをしたと思ったようで、事実に狼狽し、困惑した様子をみせたものです。が、それが過剰になって逆に気が折れてしまってはいけないと心配もした私は、むろん、これを機に息子が変わってくれることを願っていました。いずれは返済するというけれど、これまでに費やした多額の資金と比べれば知れた額であり、そんなものを返してもらおうとは思わない、というのは（息子には黙っていましたが）本心であったのです。

今回のことはよく反省すればよい、あとは自力でやっていくように、と私は国際電話で告げます。パター造りも反対はしないが、まずは本来のプレーヤーとして復活することがその販売にもつながる最善の術だと、出家する前に遺言していく、とまでいったものです。まさか父親が異国の仏門に入るとは思ってもいなかったようで、それを知って再び何かを感じたのか、以前とは違う素直さでもって耳を傾けるようにもなっていったのです。

そして、私のほうが本格的に出家の準備を進めていく間に、息子のほうは私の地元のクラブにみずから志願して、研修生として一から出直すつもりで所属したようです。お前からゴルフをとったら何も残らない、と口すっぱくくり返してきたその意味がやっとわかったようなのです。加えて、母親の病の原因には、自分の責任が相当にあることを認めて、豪州の頃を省みたせいでもあったでしょう。

むろん、この先もどのようなことになっていくのかはわからないけれど、私自身のためにも一応の区切り、線引きはしなければなりません。子供のことが足枷《あしかせ》となって、自分の人生を生きることができなくなるのはやはり避けなければならない、と遅まきながら自省できたことも幸いであったでしょうか。

ともかくも、息子の所業は私の出家の意志を最終的に固めさせるものでした。それがそれまでの私自身の「業」のまっとうな報いであり、むしろ何ものかが然るべき道筋をつけてくれたような気さえしてきます。まずは息子自身がそれによって心境の変化、転機を迎えたようであるし、私にとっても、あのままテストを受けて合格していれば、おそらく出家はなかった、少なくともさらに先送りしていたでしょう。そうなれば、年齢からして永久に仏道修行の機会はこなかったに違いないのです。

人生にもしはない、どちらがよかったのかは誰にもわからないし、それを問えば後悔につながる、というのは歳なりに実感することでした。あるがままのいま、この瞬間から先へと向かうほかはないことを自覚したのも、当時の私にしては上出来の潔《いさぎよ》さであったでしょうか。

実際、時を移さず次の成り行きが始まっていました。出家の決心がついた後もなお、私自身のこころの問題に加えて、何を措《お》いても越える必要のある諸々の難所（第一章に既述）が待ち受けていたのですから……。

第八章

仏道修行とは何か

――タイ仏教の出家式(四)

八正道の学びと実践

式の終盤に入って、戒和尚《かいわじょう》から「四依《しい》」と「四堕」が教戒として説かれたことは前述の通りです。その後、そうした教えの意味が述べられます。

〝正しい知を持つ人、正しく理をみる人、正しく悟りをひらいて阿羅漢《アラハン》となった人、世尊によって、正しい「戒」が告げられ、正しい「定《じょう》」が告げられ、正しい「慧《え》」が告げられました（アネーカパリヤイェーナ　コー　パナ　テナ　パカワター　チャーナター　パッサター　アラハター　サンマーサンプッテーナ　スィーラン　サンマータッカータン　サマーティ　サンマータッカート　パンヤー　サンマータッカーター）……〟

語り手は戒和尚だけれど、その教えはブッダのものだという表明がまず最初になされます。このことは、大乗仏教とは異なるテーラワーダ仏教の肝心要《かなめ》の特徴といってよいかと思います。

つまり、古代インドの仏弟子はむろん、現代においてもどんなに位の高い僧であろうと、大僧正であろうと、開祖の釈尊には敵《かな》いません。ましてや、学校の先生や親たちは、当然ながらブッダの教えを唯一絶対のものとして生徒や子供たちに説くわけです。国民のほとんどが仏教徒である上に、その点でも価値観にバラつきをもたらさない、実に徹底したものであり、仏教国としての統一性が得られている大きな背景といえます。

すべてに「正しい（サンマー〔パ〕）」がつくこの出足は、いわゆる「八正道《はっしょうどう》（アリヨー・アッタンキッコー・マッコー〔パ〕」のことで、それを三つに仕分けして、戒・定・慧（「三学」と称される）としたことを指しています。正語、正業、正命が「戒（スィーラ〔パ〕）」、正念、正定が「定（サマーディ〔パ〕）」、正見、正思惟、正精進が「慧（パンヤー〔パ〕）」（正精進を先の「戒」に含めたり、総まとめとして独立させる仕分け方もある）。

仏道修行とは（僧・在家とも）この学びと実践であるといってよいほど大事なもので、これまでの出家式で説かれた事々もまた、これらの「道」のどれかに含まれるわけです。

この八正道については、知識としてわかっているだけでは意味がなく、実践をもってはじめて「果」が得られるとされる（最終的な「涅槃《ねはん》（ニッバーナ〔パ〕）」への道として）奥の深いものなのです。

＊八正道――すべて善心所（よい心の在り処）とされる八支の道。正見（サンマー・ティッティ〔パ・以下同〕）＝物事の真理〈無常、無我、苦、等〉を正しく見ること。正思惟（サンマー・サンカッパ）＝それら真理を正しく思考すること。正精進（サンマー・ワーヤーマ）＝正しい努力を怠らないこと。正語（サンマー・ワーチャー）＝正しい言葉づかい〈嘘、悪口、ムダ口、きつい言辞を排する〉。正業（サンマー・カンマンタ）＝正しい行動、行為〈殺さない、盗まない等の戒を守る〉。正命（サンマー・アチーワ）＝正しい生き方、生活〈仕事も含め〉をする。正念（サンマー・サティ）＝瞑想〈サマタ、ヴィパッサナーの二種がある〉等により正しい念（気づき＝いまの状態、状況の把握）を育てること。正定（サンマー・サマーディ）＝物事の真理を正しくみる〈正見を得る〉ための知恵（パンヤー）を瞑想等によって育てること。これらの実践が仏道のすべてといわれるほど、大事な教理とされる。

なかでも重要なのは、冒頭の「正見」と「正精進」です。正しい「見」を持つこととは、独りよがりの過激な思想や行動に走ることはむろん、ごく日常的な物事の見方、考え方においても独断や偏見に陥りがちなことに警鐘を鳴らすものです。つまりは、ブッダが悟った真理のすべてをわかることであるとされます。そのための努力をすることが「正」しい「精進」であり、その他の項目（正語〈正しい言葉づかい〉や正業〈仕事、職業を含め日常の正しい行為、行動〉、正命〈戒をよく守る等の正しい生活〉）を実践することにほかなりません。

そして、正念、正定というのが、最終的に悟りへと導く「瞑想」なるものに関わってくるわけです。細かな法の説明を要するその件については、いずれかの機会に、ということにして、ここでは措《お》くことにします。

慢心、渇望、執心

和尚は続けて――、〝「慢心」の粉砕（マタニン　マタナッサ）〟〝「渇望」の消滅（ピパーサ　ウィナヤッサ）〟〝「執心」の根絶（アーラヤ　サムッカータッサ）〟〝「輪廻」の終息（ワットゥー　パッチェータッサ）〟〝「渇愛」の消去（タンハ　カヤッサ）〟〝「欲」からの離別（ウィ　ラーカッサ）〟〝「苦」の絶滅（ニロータッサ）〟そして〝「涅槃」の境地（ニッバーナッサ）〟を実現するため、先の戒・定・慧が告げられたのだと述べます。

これですべてとはいえないまでも、大事な部分はしっかりと押さえられています。なかでも、慢心（マタ〈パ〉）は私自身の過去と深く関わっていることが後に判然としてきます。

モノを書く仕事がいかほどのものか、お前は何様かと問われてもしかたがない話がいくらでもあるのです。文章が書けることなど、ただの取り柄にすぎない、人間としての値打ちのほんの一部にすぎないにもかかわらず、それが全体であるかのような錯覚を起こしていたのです。

チェンマイの学校での瞑想授業

もう少し謙虚になることの大切さを知っていれば、人生そのものがどれほど違ったものになっていたか、などと深く悔いたものでしたが……。

渇望（ピパーサ〈パ〉）とは、文字通り「渇」きをいやそうとする欲「望」のことで、それから遠く「離」れることを促します。

また、執心（アーラヤ〈パ〉）とは、心身の働きを「色・受・想・行・識」なる五蘊《ごうん》の流れとし、それらが陥りやすい「五取蘊〈取＝囚われる、の意〉」のことを指しています。それこそが「苦」をもたらす因としてあることから、その根絶をめざすようにと説いているのです。

五蘊とは、手短にいえば、六根（眼・耳・鼻・舌・身・意

〈心〉）の各々から入ってくる事物（色）に対して、何ごとかを感じとることから始まり（受）、思いや考えをめぐらしたり（想）、行為、行動の因となる意志を生じさせたり（行）、またその結果について認識、識別したりする（識）、つまり、身の周りの現象を感受することから始まる心身のあらゆる働きのことです。

それら人間なら誰にでもある「五蘊」がしばしば「五取蘊」となってしまい、流れを失って凝り固まってしまう、その状態こそが「苦」であるとします。そして、そこから逃れるための法を説く教理は、やはり真理としての「無常（アニッチャー〔パ〕）」や「無我（アナッター〔パ〕）」とセットになって、悟りに通じる仏道の根幹をなすものとされます。

私が境目もつけられずに出家後へと引きずることになった、こころの問題もまたこの五蘊に取りつかれていたせいだったのです。物事に固執し、解き放たれないでいる状態のことで、子供たちへの執着やさまざまな失敗や選択の誤りへの悔恨などはその典型といえます。後悔（クックッチャ〔パ〕）もまた不善心の一つです。それらをいかに克服していくかが、修行の大きな課題でもあったのです。このことは、（最後の）次章に記すことになる、私自身の「変化」とも関わっています。

輪廻（ワッタ〔パ〕）の終息とは、死後、もう二度と何ものかに生まれ変わることがないことを意味します。過去世、現世、来世とめぐる輪廻転生の思想は、古代インドの時代からあったものです。テーラワーダ仏教ではいまも重要な部分をなしており、その終息は悟りの最終段階（阿羅漢）に達してはじめて得られるものとされます。この壮大な死生観や宇宙観についても、またいつかの機に述べてみたいと思います。

そしてもう一つ、「渇愛（タンハー〔パ〕）」なるものもまた、断ち切るべし、としています。これも「渇」の字が示す通り、愛するもの、好ましいものへの拘泥を意味します。先の「渇望」や次なる「欲（ローパ〔パ〕）」と共に、やはり苦の因となるものであり、それらの絶滅（ニロータ〔パ〕）が最終目標としての涅槃に通じる、絶対的な条件として説かれます。

チェンマイの動脈・ピン川

生前の「涅槃」（死後のそれはパリ・ニッバーナ〔パ〕）とは、修行完成者、すなわち阿羅漢になった者だけが到達できる境地とされます。最高位の聖人（悟りの頂点）に達した者が行ける究極の境地のことで、タイ語ではニッパーンと呼ばれ、こちらのほうが多用されます。言葉を超えた（説明ができない）静かで安らかな至福の世界であるそうで、それを最終の目標とするのが修行の道である、と説かれるのです。そして、結語として、以上の各項をよく修した者には大きな果報があり、功徳がもたらされるゆえ、怠りなく遂行するように、と告げられます。

戒和尚の話が終わったのを察した私は、〝はい、尊師よ（アーマ　パンテー）〟と、最後にしっかりと答えます。

周到な儀式の意味

こうして、私は無事、アマローなる法名を持つテーラワーダ僧になれたのでした。「出家認定証」もすでに用意されており、タイ人なら額縁に入れて家に飾っておくものだそうです。そこには、すべてタイ文字で私の本名と生年月日・曜日（仏暦二四九一年・日曜日、等）に加えて、亡き父母の名（ミチエとカオル――古代インドの習慣に従って母が先）が記されてあります。親の存在は、タイにおいては必須の大事とされ、いろんな公式の場面で（たとえ没していても）記名を求められます。

僧認定の理由としては、好ましい品性と礼儀正しさを有し、戒律を守る能力を備えた者であるゆえ、云々と記されています。

儀式は、その後もしばらく続く読経の後、ようやく終わります。知友の列席はなかったものの、名も知らない幾人かの在家信者（ヨーム〔タ〕）から鉢《はち》に小額の紙幣が入れられて、はじめての布施となったのでした。

ともあれ、これほど念を入れる式のスタイルというのは、他に見当たらないのではないかと改めて思います。テーラワーダ仏教は形が大事であり、その伝統様式を崩さずにおくことに全霊を注いできたことの証しをみる心地がしたものです。

そして、この周到を期した儀式のなかに、僧としてのあるべき姿、生活のあり方、すべてが凝縮してあることに感心させられます。何よりも初めが肝心であり、水漏れを起こさないよう栓をしておく、屋根を葺《ふ》いておく、というわけなのです。

最後に、私が最終的に出家の道を選び、歩き始めて三年を超え、四回目のパンサー期を迎えた時点での心境について、これまでの話を踏まえて締め括っておきたいと思います。

第九章

老僧の道

仏教との接点

僧になって以来、「信仰」すなわち「信じ仰ぐもの」について考えることがある、などというと何をいまさらと笑われるかもしれません。しかし、人間にとってそれがいかなる意味を持つものなのか、思いをめぐらせたのは在家の頃のある時期から、つまりタイ在住五年目以降のことであり、私にとっては未だ古びないテーマなのです。

信仰を得るには、その対象がなければなりません。私の場合、それを持つことなく育ち、成人してからも特定の宗教に帰依することなく、長い歳月を過ごします。そのことの意味するところに改めて考えをめぐらせている、と言い換えてもいいかと思います。

これは、冒頭から記してきた出家の背景、もしくは動機にもつながるものであり、避けて通れない論点だろうと思うのです。いわゆる信仰といえるものがなかったことが、人格にどのような影響を与え、いかなる成り行きと結果（「業」の連なりとしての「縁起」）を人生にもたらしたのか。その点をはっきりさせておかなければ、話にまとまりを欠いてしまいます。ゆえ、私自身の生まれ育ちについて、いくつかの挿話を記しておくのもその目的に沿うに違いありません。

私は、子供の頃から奈良が第二の故郷でした。夏休みにはきちんと一カ月、兵庫の田舎を離れ、奈良市内にある母の実家で（祖母と伯母と共に）過ごすのが年中行事としてあり、とくに小学校の六年間は欠かしたことがありません。

出自が仏寺であった慈悲深い祖母や、県下の高校教師であった伯母になつき、母の妹（叔母）が嫁いでいたお寺（橿原市）にも出入りして、ある程度は仏教的なものの影響も受けていたはずです。共に教師であった父母（及び伯母）をみて育つなかで、体制に従順であった父よりもそれに刃向かった母のほうが人望が厚かったように、母からの影響がより大きかったことも確かでした。

息子が何をやっても、どんなにワンパクが過ぎても叱ることがない（勉強しなさいともいったことがない）人であったのは、やはりブッダの教えからくるものだったのでしょう。叱らない代わりに、よく話をしてくれた記憶はあります。教え子に対しても同様で、説教はしてもあくまで穏やかに説いて聞かせるだけの、相手に教えを押し付けない姿勢は、祖母ゆずりの仏の道といってよいものでした。

ただ、そうはいっても、私のなかに信仰なるものが培われたわけではありません。あくまである程度の影響にとどまるもので、しっかりした教えが身内に入り込んだわけではなかったのです。

いま、いくつかの自分の作品を振り返れば、その背景にはやはり仏教があり、そうと意識しないうちに身内に染み込んでいたものがあることに気づかされます。が、以前にも述べたように、それらが大きな山並みや泉脈にはなり得ておらず、一連の系統立った巻《もの》にはならなかったといえるのでしょうか。叱られない代わりに聞かされた母の話にしても、仏教からくるものであることが明言されなかったのは、個々における信仰の自由はあっても特定の宗教教育は禁じられていた教育現場における姿勢と同じであったのです。

母が職業婦人であったこともあって、幼少期はしばしば祖母につき従い、野山へ、田畑へと連れまわされたものです。祖母の繰り言は、次男（私の叔父）が南方の戦場から帰ってこないことの恨みごとばかり、それこそ耳にタコができるほど聞かされたもので、私を息子の名で呼び違えることもしばしばでした。シンガポールからの最後の手紙を文字がすっかり色褪せるまで持っていて、それを幼い孫にみせながら、どうやって死んだのか、それすらもわからない、教えてもらえない、とくり返し嘆いてみせたものです。

戦争がすべてを狂わせてしまった、というのが母の台詞《せりふ》でした。戦争さえなければ……と、いったい何度、恨みごとを聞かされたか知れません。素人の短歌誌も主宰していた母の短歌のあれこれと一冊だけ遺した自叙伝には、人間は哀れなもの、というその口ぐせ通り、実に悲哀に彩《いろど》られた人生が綴られていました。

実際、団塊世代は戦争の直接体験者の悲惨な姿をみながら育った世代ともいえそうです。私の周りでは、祖母のみならず、叔母（母方）の夫であったお寺の住職はシベリア抑留（最後に参戦したソ連による）から命だけを持ち帰った病弱な人でした。街では手や足のない傷痍《しょうい》軍人がアコーディオンなど弾きながら食を乞う姿があったり、狂人となってさまよう人が通学路にいて子供たちを怖がらせたり、実にさまざまな光景を目にしたものです。

戦雲の下、やっと女学校で教職を得た母は、それもつかの間、大阪空襲で焼け出され、夫の田舎（私の故郷）に疎開してそれきりになってしまいます。安逸に暮らせる人など皆無といってよい、無残ともいえる時代に私たちの世代が誕生したことをまずは認識しておかねばならないと思うのです。

親たちは敗戦に茫然自失し、加えて戦前の価値観の崩壊、ゼロからの出直しに思いを向ければ、膨大な数の子供たちの面倒見など、十分にできるはずもなかったのです。ましてや、いまでこそ大事とされる幼児教育を施している余裕など、よほど恵まれたケースを除けば、何処にも誰にもなかったといって過言ではないでしょう。

足りなさの自覚

そうした状況のなか、幼少期から大人へと成長していく過程において、これだけは人として守らねばならない規律とか、そこに「信」を置いていれば道を踏み外すことはない教えとか、いわば信仰の対象、もしくはそれに相当するものが大いに欠落していたことは動かしようもない事実でした。私が述べてきた精神性の希薄さとは、まさにそのことにほかなりません。

むろん、国としての復興期に始まったテレビ放映や漫画雑誌における勧善懲悪的なドラマに熱中したり、流行《はや》り歌に親しんだり、モノ不足からのハングリー精神といったものがおのずと養ってくれる部分はあったと思います。

が、それらが知性や情緒の発達に役立つ面があったとしても、それで十分なはずはなかったのです。お寺に出入りして、祖母や父母から学んだことがさまざまあろうと、書物などから学んだことが少なからずあったとしても、また学校教育からも多少の益は得ていたとしても、それらは一連の、信じ仰ぐべき一巻物《いっかんもの》とはなり得なかったのです。

私の場合、ここまで命をつないでくれたものがある程度あったことも述べてきた通りです。が、それでもなお異国へと流れた事実の背後には、膨大といってよい愚かな行い、選択の誤り、人にも迷惑をかけた失敗があることを、どういうふうに解き明かすのか。そして海外へ居を移してからも、いわば堕落の延長としての失われた歳月は何ゆえだったのか。そのような問いかけは、出家後にも尾を引く、こころの問題としてあったのです。

答えは、やはり「信仰」なるものが足りていなかった、ということでいいのではないかと思います。ゼロであったわけではなく、足りなかったのだという答えに、その通りだと内なる声が聞こえてきます。支えとなるものが皆無であったのでもなければ、信を置くに値する対象もまったくなかったわけではありません。信仰とまではいかなくても、それに似たようなものは存在していた（文学もその一つ）こともわかっています。

ただ、それが一個の人間の靭《つよ》さを保証するほどのものではなく、条件次第では浮遊はむろん堕落すらもたらす、あまりに脆《もろ》いものであったことが問題だったのです。以前は、それが人間としての質や人格そのものに通じる、私の根本的な弱点であり、欠陥ですらあったと述べていますが、出家後にそのことを再確認したのでした。

信じ仰ぐべき一巻の「教え」が決定的に不足していた、という事実——。仕事の行きづまりや私生活上の「愛苦」を招来したのもそれがためであったし、本道を外して横道へ逸れたのも、移住後にもたび重ねた愚行や狂犬病ニセ発症の一件で暴かれたものも、すべての因はその事実に集約されるに違いないのです。かつて在家であった頃の、托鉢僧と人々の布施風景を眺めながらおぼえた寂寥《せきりよう》、心の洞《ほら》に吹く風も、そのような「足りなさ」ゆえであったことがいまは確信となっています。

断絶からの戦後苦

ここで、母親の話をしたついでに父親のことも話しておかないと平衡を欠く気がします。以前に述べた、戦前・戦後の「断絶」の意味を追加するためにも必要だろうと思うのです。

父の生き方には、これまた戦争が大きな影を落としています。その第一は、田舎の家督を継ぐことになっていた弟を南方の玉砕島で失ったことでした。救援の輸送船も来ないままの餓死であったことが予測できるそうですが、委細はわかりません。父親も早くにガンでなくしていたので、それは大変な痛手でした。

戦後、（小作から）自作農となった母親と、皆これから嫁にやらねばならない四人の妹を持つ長男として、しかも私たち三人の子供を抱える父親として、並大抵のことではやっていけません。戦後の教育体制に忠実に、真面目に従うほかはなく、まだしも気楽な母とは違っていました。その点を考慮しなければ、見方を誤《あやま》ってしまいます。

敬虔な仏教徒として粛然と戦後を生きた父は、思えば、大正（元年）生まれの、戦前の日本人の真姿をみるような存在でした。晩年は日本舞踊を趣味として、独自の世界に生き甲斐を見出します。七十五歳で肺ガン（片方）の全摘手術を受けてからの十五年間だけをとっても、律義で忍耐づよく、日本民族としての精神的支柱が養われた人間でなければ乗り切れない環境であったと思います。師範学校（大阪・池田）時代の同級生を一人ずつ見送りながら最後の三人まで生き残り、死の三日前まで自力で台所に立ち、帰省していた私とめずらしく握手を交わして別れた直後に倒れたのでした。

これは、わが亡父の自慢話などではなく(少しはその気《け》もあるようですが)、団塊世代の親の多くがそうであり、戦前の日本人の大概にいえた事実でしょう。むろん、その背景の大きな部分に、教育その他の環境、すなわち明治の開国以降に抱えた問題を凌駕《りようが》するような日本古来の伝統精神(江戸期までに培われたもの)が色濃く残っていたことを見過ごすわけにはいかないと思います。

議論の多い教育勅語にしても、仏教や儒教を含めた精神がベースであることに変わりはありません。わが国には宗教に代わり得る武士道がある、と海外の疑念に応えた人物にもみられるように、大きな断絶を経た戦後世代には得られなかったものが、父母の世代にはずっしりと収穫物のごとくにあったのだろうと思わざるを得ないのです。

私自身の体験としてすぐに思い浮かぶのは、貧しい農漁村から海外へと移住していった人たちのことです。ブラジルにしろフィリピンにしろ、民族の誇りを感じさせる逸話ばかりを聞かされたものでした。

取材で訪れたサンパウロやダバオ(比国)で語られたのは、いっさい犯罪のない、真摯な開拓精神と規律ある移民社会をつくり、そのことが現地の人たちの日本人への、いまに至る尊敬の念を築いたのだという実際の話です。欧米列強の帝国主義にならい、植民地争奪戦に参加して軍国主義に染まり始めた頃から変質し、さらに敗戦によって危機に瀕した民族の精神性も、戦前のある時期までは如上のごとく、およそ揺るぎないものであったはずです。

むろん、それも私の体験、見聞からいえる範囲での話です。戦前の日本人がすべて立派であったとか、その公教育が無条件にすぐれていた、などというつもりはありません。その時代を肌身で知らない私には、もっともらしい見解を口にする資格などあるはずもないからです。

戦後、新制校になってからの父は、旧制中学時代にはあった生徒の人気が落ちてしまったとはいえ、ゼロになったわけではありません。地元の教育長の時代を含めて五十年近くも現場にいれば、なかには名を成し功をとげる教え子も出てくるのは当然のことで、父はまるでそれを自分の手柄であるかのように自慢するのがクセでした。それにも根拠がなかったわけではなく、師としての取り柄があったことを自認していたからだと思うのです。

旧制中学時代からの口ぐせ――、読書は三度の食事のようにせよ、といった信念を棄ててしまったわけでもありません。許される範囲内で精一杯のことをしてきたのであって、それゆえ口にしたかった、せめてものプライドであったという気がします。

しかし（と、ここでもくり返しますが）、教育現場の戦後の有様、戦前との隔絶した体制の違いは、みずからの子供たちに対してすらも、精神面での養育を施すことをほとんど不能にしたといって過言ではありません。このことは長姉もよく口にしたもので、夫の赴任に付き従ったアメリカ滞在中にキリスト教徒になっていたこともあって、よけいにみえてくる部分であったのでしょう。

むろん、人の道を言葉で説く術《すべ》を失っていたとはいえ、ムチでもって教える（そしてある程度は躾《しつ》けられる）、といった部分はあったはずですが、それで足りるというわけにはやはりいかなかったのです。そして、その足りなさは世代を継いで連鎖し、同様に問題ぶくみの状況を招いていったことはくり返すまでもありません。

五十点の人生

人は生きていくだけで大変なのだという言葉は、その通りだろうと思います。それだけで合格点をつける論者もいることは知っています。確かにそういう寛容な考え方もあるだろうし、私とて、自分を貶《おと》しめてばかりいるつもりはなく、ある程度の知恵や取り柄もあったはずです。なかには善い行いもあったし、生きるためにはそれなりの苦労もしてきたわけです。人は自分を過小評価、卑下しすぎてもいけない。そこはほどほどに、自分にも長所はあるし救われる部分もある、というふうにバランスをとっていく必要があると思います。

昔は、還暦（数え年で六十歳）を過ぎればもう長生きの類であって、格別にその者を祝ったのも、そこまで生きてきたこと自体を褒め労《ねぎら》うに足る理由があるからでしょう。さらに古希《こき》（七十歳）ともなれば、マレなる長寿と呼ばれるほど称賛に値することでもあるわけです。

それゆえ、これまでの人生に五十点はつけていい、それくらいは取れているだろう、というのが正直な感想です。先ほども述べたように、そのなかには、親をはじめとする肉親からの、恩師や善友からの、あるいは書物からの、加点してよい感化も受けているはずです。苦節の時代には確かにあった努力や、あるいは戦後環境からの負の影響という言い訳も、ある程度は認められるでしょう。また、重大な罪も犯さずに生きてきた以上、それくらいの点数はもらってよいように思うのです。

しかし、それだけで上等というわけにもいかない。人生は甘いものではなかったという事実が示す通りの点数しかやれない、という思いに変わりはありません。足りていなかった半分以上の、その一部は自分の力ではどうにもできなかったものの責《せい》にできたとしても、残りはやはりみずからが責任を負うべき部分であるからです。そして、業の結果はすべて一身に引き受けねばならないことも確かであり、その覚悟はおよそまっとうできていると思います。

簡素な日々の安らぎ

以前にもふれたことを最後にくり返せば——、出家した後は、これまでの人生で、みずからがいかに多くの煩悩にまみれ、汚されて生きてきたか、いかに傷つき疲れ、擦り切れてきたかという事実が、いっそう白日の下に曝されていきました。

抑えることをしなかった我欲や忍耐の欠如した精進（努力）不足にしろ、私生活における成り行きにしろ、思えば思うほど、やはり五十点かそれ以下でしかない。落第点しか取れていなかった、その足りなかった部分へ、さまざまな失敗や過ちがきっちりと入り込み、人生に行きづまるべくして行きづまったことがみえてきます。

異国へと流され、そして異国においても立ち直れなかったのは、人間として不合格であった、いろんな面での足りなさ、至らなさゆえであったという、互いに関連しあった数々の「因果」が改めてはっきりとしてきたのです。

それは、これまでの章で述べた「四依《しい》」をはじめとする生活の規範、「四堕」に始まる戒律の守り、さらには出家式での「説教」の中身を実際の生活において学び、実践していくなかでおのずとみえてきたことでもありました。

午前三時の起床から托鉢《たくはつ》に出るまでの時間、朝の軽食から午前十一時の（その日最後の）食堂での昼食までの時間、そして午後からは、八時の門限を経て九時前後の就寝までの時間、ほとんどすべてがその学びと実践に費やされるのです。

若い僧は仏教大学等の学校へ、私のような老僧は房で仏法の学習や瞑想の時間を持ちます。その他――、毎日のように僧だけの夕刻の読経があります。月に四度、月齢（満月、新月ほか上弦、下弦）によって定められた仏日（ワンプラ〔タ〕）の朝夕と毎週日曜（夜）の、在家が参加して催される勤行があります。いずれも、僧はいかに出家生活を送るべきか、在家はいかに人生を過ごすべきか、そればかりがブッダの教えとして、三宝への敬いの大事と共に説かれるのです。

仏法を知識としてわかっているだけでは何の意味もない、つまり実践が伴ってはじめて実りを得るという、前章で述べた考え方もまた徹底しています。ゆえに、毎回、同じことをくり返しても、わかったからもういい、とはいえません。知識が実際の生活に生かされるまでの時間は、それほど短くてすむはずがないからです。何ごとも習慣化していくには、たゆみのない反復と確認が必要となるわけで、その姿勢にはまったく揺るぎがありません。

先ほど、五十点かそれ以下でしかなかったと述べました。実際、一般の在家の人たちに説かれる最小限の五戒だけをとっても、盗みを除けばあとは全滅といってよいほど守れていなかったことに、当初は考え込んでしまいます。

まして、僧に対する戒律などは頭の片隅にもありません。それこそ別世界をみているようでしたが、やがてそれにも慣れていき、むしろそのほうが心身ともに快いものが得られるようにもなっていくのです。つまり、あれこれと欲しいものを求めてばかりいた在家の頃より、はるかに安らいだ、静かな日々を過ごせるようになっていきます。

むろん、ある程度は耐えることをしなければならないわけですが、結果としてよいことが、我慢した甲斐があったと思えることが起こり始めます。一日三食の昔に返って、いまより十五キロほど多い体重に戻れといわれても無理であることなどは肉体上の一例にすぎません。物事に対する認識のしかた、姿勢といったものも違ってきたのです。貧しいと思っていた暮らしなど貧しさのうちに入らないことも以前に述べた通りです。にもかかわらず足るを知ることなく、不満が先に立っていたというのも、薄っぺらな精神性ゆえであったことに気づかされたのでした。

そしてまた、僧生活の周辺に、いわゆる文明の利器など便利でラクができる物がほとんどないことも、一つの修行の形であるでしょう。僧房には冷房もなければ冷蔵庫もない。ラジオは許されているけれど、テレビは持てないのが原則です。廊下の端にある洗面所や水浴び場には冷たい井戸水があるだけで温水器など望むべくもなく、ときに洗濯機があればと思うけれど、それもありません。

すべての作業、動作を、わが身ひとつ、朝から晩まで手と足でもってやらねばならないことに、はじめの頃は不便を、ときに辛《つら》さを感じたものでした。が、そういうことも知恵を働かせる縁《よすが》となり、次第に苦ではなくなっていきます。

かつては当然のようにあった便利さが削がれてしまうと、かえってそれが常態化し、この点でも以前より簡素な日々に安らいでいる自分に気づきます。僧に対する厳しい欲の否定、贅沢の戒めは、こういう「果」のためだったのかと新たな思いに浸ることもあったのです。

そして、かつて出家前夜には人生の〝果て〟に拘《こだわ》り、悔いをおぼえたことも、胸のしこり、執着も、時を経るにつれ、だんだんと洗い流されていきます。

辿り着いた帰依

ある意味で、私にとっての出家とは、幾度か考えた自死に代わるものでした。いわば人生の重い荷を下ろさせてくれるもの、ともいえるでしょうか。むろん、俗世とのシガラミを断てたわけではなく、残してきた者たちへの心配や、未だ解決しない事々への気がかりは続いていかざるを得ません。が、私自身のこころの問題については、およそ過去のものになったといえそうなのです。落ちた理由もわかって落人らしくする法をおぼえ、あれこれの欲気《よくけ》が薄れるにつれ、こころが静まっていったのです。

僧房に暮らして一年が過ぎる頃には、日ごと学びを重ねるにつれ、また新しい関心事が生まれるなかで僧としての姿が変わってゆきます。つまり、前述のごとく、環境や習慣の変化によって心身ともに別の色合いに染まっていったからだろうと思います。

ある日、かつて出家式を待つ間に滞在した、寺院の裏手にあるゲストハウスを再訪して懐かしく感じたのは、そうした変わりようのせいであったでしょう。当時を思い返せば、土俵際に追いつめられはしたけれど、まだ足はかろうじて残っていることを感じていました。同じ土俵の中央へはもう戻れないにしても、これまでとはまったく別の舞台へと、今度こそ「壁」を越えていくのだという思いは、出家後も裏切られることがなかったのです。

けだし、実に遅まきながらテーラワーダ仏教という島に漂着した、とでもいいましょうか。それに帰依したのは、生い立ちに始まるこれまでの人生に照らして、最も信じ仰ぐに足るものと確信したからでした。生きながらえたみずからを最低限の幸いとして、そこから再び生き改めさせてくれるものは他にない、との判断が間違ってはいなかったこともみえてきます。

托鉢に歩く著者

言い換えれば、もっと若い頃にこの仏教を学んでいたなら、そして、その学びの半分なりとも実践していたならば、おそらく人生に行きづまることも落ちていくこともなかったであろうと思えることが、土壇場での選択の正しさを証している、ともいえるのです。

その選択はまた、私がこの国へ移り住む前になした善・不善を含めたあらゆる行い（業）と、その後もあり続けた多くの出来事と成り行きがもたらした結果として、いつか訪れる必然であったことも、いまはよく納得しています。

とりあえず、六十点でいいのだと思います。完璧な人生などはあり得ません。ほどほどに足りて、無事にやっていければいいのです。どうにか合格点に届いてはじめて、失敗やケガの少ない、いたずらに浮遊することもない、どんな壁や危機に直面しても乗り越えて、自律的な人生を送ることができる、というのがいまやっと辿り着いた確信なのです。

ゆえに、私に必要なのはあと十点（これが大きな意味を持つはずですが）、いっそうの老いと死期に備えるためにも、足りなかったものを補うのが修行の目的といえるでしょうか。

早朝の托鉢、ビンタバートから始まる日々は、人間不合格の過去をつぐない、余生に合格点をつけるための道であるような気がします。

おわりに

本書を記し始めたのは、まだ出家して間もない、半年にも満たない頃でした。新米僧もいいところで、チーウォン（上衣）の着け方もぎこちなく、先輩僧からあれこれ間違いを指摘されたりしたものです。

最初に私の世話をしてくれた大学生僧（ティタウィリヨー師・いまは大学を卒《お》えて他寺へ移籍）はむろん恩人的存在ですが、タイ人では考えにくい高齢の出家であるにもかかわらず受け入れてくださった住職（プラ・クルーン・アモーン・タムマタット師）にも、日頃の厚遇も含めて謝意を表したいと思います。

また、私がアーチャーン（教授、の意）と呼ぶ副住職、ワチラパンヨー師は、何くれとなく私の面倒をみてくれます。タイではまだ歴史の浅いアビダンマ（論）の最高位である九段目の試験に合格している方で、その教えの恩恵がなければ（惜しみない資料の提供も含め）、この書も成立しなかったに違いありません。若くして住職に次ぐ地位になられた師のこともいずれ文章にしたいものですが、たび重なる長時間の教授から得たものが随所に敷かれていることを、感謝と共に述べておきます。

出家の理由については、その因果の有様がどの程度まで描けているのか、団塊のタンカイがいかに異国へと流され、どのようにテーラワーダ仏教寺に漂着したのか、その背景、経緯を記すことにいかほどの意味があるのかは、いまや私が云々することではなさそうです。

ただ、いわば他山の石として、成功者の啓発書とは異なる、人生につまずいた者にしか語れない体験談がある種の教訓となるかもしれない、という気はします。そしてまた、いわば「戦後苦」のなかで生きてきた人たちのなかには、私の経てきた人生（波乱万丈というより綱渡りのようでしたが）のある部分について、あるいは私が述べた意見や理屈についても、同意、納得される方がいるのではないかという楽観は、捨てないでいようと思います。

また、第八章までに、ブッダの教え、教理について、あるいは僧生活の中身について、十分な説明ができなかったことで読者の方には歯がゆい思いをさせたかもしれません。それはまた次なる作によって埋め合わせをするつもりなので、その旨、ご了承いただければと思います。

そして、これは蛇足ながら――、文中に登場させ、私の人生に障害や悪影響を及ぼしたかのように書いている人物がいます。が、いまは何の遺恨《いこん》もないばかりか、それらもまた、私自身が経るべき体験のうちであったと認めていることを申し添えておきます。

ほとんど記す機会のなかった私の所属する寺院、ワット・パンオンは、チェンマイの旧市街地にある、規模としては中くらいのお寺です。古いことにかけては並み居る名刹《めいさつ》に劣らず、かつて南隣のスコータイ王朝とならんで栄えたラーンナー王朝時代、仏暦二〇四四（西暦一五〇一）年頃に建てられたお寺で、マンゴー樹をはじめ樹齢の長い熱帯果樹が境内を埋めていることが他にはない特徴です。

観光地の道路沿いにあることと拝観料もとらないことから、外国人客がふらりと入ってきて、黄金の大ブッダ像と、その両脇にサーリプッタ（舎利弗）、モッガラーナ（目犍連）像のある本堂に足を踏み入れたり、幸運を呼ぶために仏塔の周りの鐘を鳴らしたりして過ごしています。とくに週末ともなると、いろんな露天商が境内に店開きして、まるで縁日と化して賑わいます。

まさに一歩違いで首都の王立寺院ではなく、古都の庶民的なお寺を選ぶことになったのも、私にはふさわしいことだったと思います。寺院と僧の暮らしを支える信者たちも円《まろ》やかで、静かで、ブッダに（三宝に）帰依することはこういう人格につながるのだという思いを新たにしているところです。

謝辞を続けます。

元編集者で同世代の校條剛《めんじょう》氏には、本書の稿の最初から助言を受けるなど、ひとかたならぬ協力を授かりました。深く謝意を表します。

また、最後になりましたが、版元の幻冬舎、見城徹氏には当方の出版依頼を快く引き受けていただき、さらに新書編集部の小木田順子編集長には、煩雑でとりとめのなかった出家話を的確なアドバイスでもって秩序あるものにする役目を果たしていただきました。無事、一冊に漕ぎつけてくださったその労に、心より感謝を申し上げます。

二〇一九（仏暦二五六二）年　雨季　パンオン寺僧房にて

プラ・アキラ・アマロー

参考文献

『パーリ・タイ語辞典』プラ・マハーパイロート・パンヤーワチロー著／マハー・チュラーローンコーン・ラーチャウィッタヤラーイ大学〈仏教大学〉出版刊

『モン・ピティー』〈儀式経〉プラ・クルー・アルン・タンマランシー〈イヤン・スィリワンノー〉師編纂／ローンピム・アクソンサマイ社刊

『カーラー・ヌックロム』〈世界仏教年代辞典〉プラユット・アーラヤーンクーン・パユットー師著／サムナックピム・パリタム社刊

『ム・バンヤーイ』〈三蔵教本〉サートラーチャーンピセート・サティヤンポン・ワンナポック・ラーチャバンディット著／非売品

『ポッチャナーヌクロム・プッタサート』〈仏教語彙辞典〉プラユット・アーラヤーンクーン・パユットー師著／タンマサパー社刊

『テーラワーダ仏教の出家作法』訳・編纂Phra Takasahi Mahapunnyo（落合隆）／Wat Phraputthabat-tamo発行／中山書房仏書林発売

著者略歴

プラ・アキラ・アマロー

俗名・笹倉明《ささくらあきら》。作家・僧。

一九四八年兵庫県生まれ。早稲田大学第一文学部文芸科卒。
八〇年『海を越えた者たち』(すばる文学賞佳作)でデビュー、
八八年『漂流裁判』でサントリーミステリー大賞、
八九年『遠い国からの殺人者』で直木賞を受賞する。
作品に『東京難民事件』『昭和のチャンプ　たこ八郎物語』
『にっぽん国恋愛事件』『砂漠の岸に咲け』『女たちの海峡』『旅人岬』
『推定有罪』『愛をゆく舟』、『ふたりの滑走』(『新　雪国』改題・電子書籍)、
『復権　池永正明、35年間の沈黙の真相』等がある。
二〇一六年、チェンマイの古寺にて出家し、現在に至る。

幻冬舎新書 576

出家への道
苦の果てに出逢ったタイ仏教

二〇一九年十一月三十日 第一刷発行

著者 プラ・アキラ・アマロー（笹倉 明）

発行人 志儀保博

編集人 小木田順子

発行所 株式会社 幻冬舎

〒一五一-〇〇五一 東京都渋谷区千駄ヶ谷四-九-七
電話 〇三-五四一一-六二一一（編集）
〇三-五四一一-六二二二（営業）
振替 〇〇一二〇-八-七六七六四三

ブックデザイン 鈴木成一デザイン室

印刷・製本所 中央精版印刷株式会社

Printed in Japan ISBN978-4-344-98578-0 C0295
ふ-19-1

幻冬舎ホームページアドレス https://www.gentosha.co.jp/
*この本に関するご意見・ご感想をメールでお寄せいただく場合は、comment@gentosha.co.jp まで。